JN115526

なたの仕事力をアップデート！ 収入10倍アップへの最速・最短ルート

EP 1 自分の仕事を振り返ろう！

のカテゴリーそれぞれ当てはまる項目に✔しましょう。

カ

□ 人から「話しやすいですね」とよく言われる
□ 欠点を克服しようと努めている
□ オフィスでは社外の人にも、あいさつを欠かさない
□ 笑顔には自信がある
□ 「鉄板の手土産」が3つ以上ある
□ 同じ失敗やミスは繰り返さない
□ お気に入りのモノの歴史を語れる
□ 年に最低１回、長期の旅行に出掛ける
□ プレゼン後、聞き手から必ず感想を聞く
□ いつでも「5分の自己紹介」ができる

点

カ

□ 雑談で話すことを事前に決めている
□ 本を勧められたら、スマホで即購入する
□ セミナーでは必ず質問する
□ 自己紹介では、肩書は言わない
□ 初対面で会う前にSNSを必ずチェックする
□ 承認欲求は人一番強いほうだ
□ 1年間の計画を立てている
□ ジムやヨガの予定をスケジュールに入れている
□ YouTubeで見るチャンネルを決めている
□ 空き時間はスマホを見ない

点

□ 5分以上の長話はしない
□ 指示は電話よりもメール
□ 日程調整は即レス
□ 「仕事の生産性」は気にしない
□ 緊張しないためのルーティンを持っている
□ 忙しくても体のケアには時間をかけている
□ キャパを超えた仕事の依頼は断る
□ 「好きな仕事」「嫌いな仕事」を把握している
□ タクシーアプリを多用している
□ 「一番伝えたいこと」を決めてから話している

STEP 2 自分の弱点（伸びしろ）を見つけよう！

▼STEP1のカテゴリー別合計点をチャートに記して、
点を結び三角形をつくりましょう。

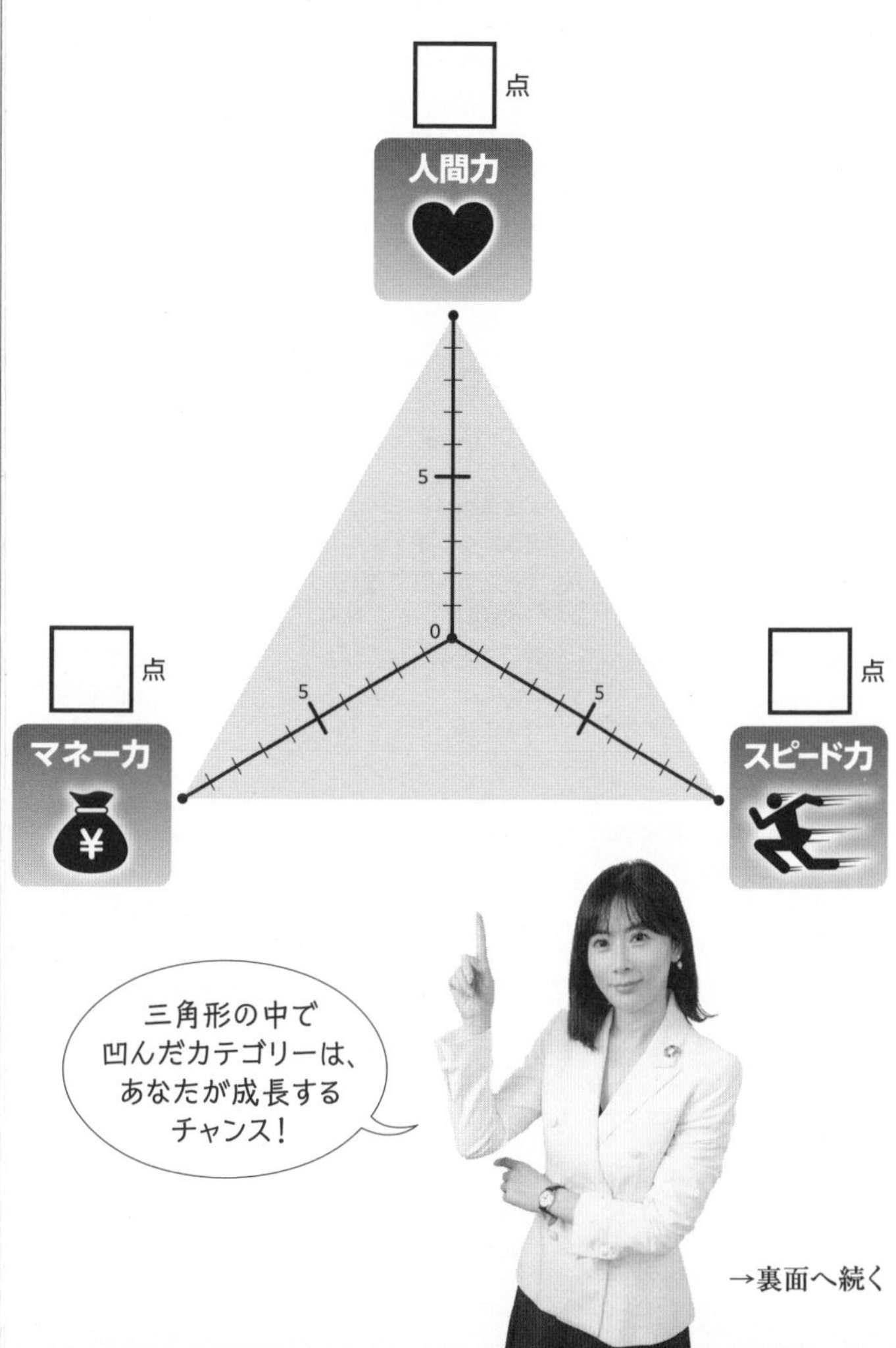

→裏面へ続く

きりとり

STEP 3 弱点を克服して、「トップ1%」に近づこう!

★☆☆──新入社員~中堅社員の必須スキ
★★☆──一歩抜きんでた成果を上げたい
★★★──トップ 1% の成功者になりたい

▼STEP2のチャートをもとに、自分が苦手とするカテゴリーの項目を読み進めてください。

「人間力」が弱いあなたには……

- □★☆☆「あなたの言葉」がビジネスの武器になる（会話術❶）……P.032
- □★☆☆相手の背中にそっと触れるように聞く（会話術❺）……P.049
- □★☆☆社外のスタッフにも最大限のリスペクトを!（気づかい❶）……P.072
- □★☆☆できるリーダーは全力で休むのではなく、「休みながら養う」（時間術❻）……P.178
- □★☆☆うまいプレゼンには「しつこいフィードバック」あり（プレゼン術❶）……P.201

- □★★☆さぁ、勇気を出して「コミュ障」を認めよう（会話術❷）……P.034
- □★★☆「無言」も時には思いやりになる（気づかい❼）……P.099
- □★★☆失敗したら、「チャンス到来!」全力で喜ぼう!（メンタル術❷）……P.118
- □★★☆「ザ・趣味」よりも仕事の中に“推し”を見つける（メンタル術❽）……P.148
- □★★☆受講者が思わず小躍りするような「今日のおみやげ」を話す（プレゼン術❻）……P.219

- □★★★成功する人が武器にする「かわいらしさ」の効用（気づかい❺）……P.090
- □★★★信頼感をマシマシにする「最高のプロフィール」をつくろう（プレゼン術❽）……P.227
- □★★★「1分、3分、5分」の自己紹介パターンを準備しておく（プレゼン術❾）……P.230

「マネー力」が弱いあなたには……

- □★☆☆「演説のスキル」より大事な「話し言葉で話すスキル」（会話術❸）……P.040
- □★☆☆恋愛でもビジネスでも「熱い感情」を押し付けない（会話術❹）……P.043
- □★☆☆「君のおかげだよ」は仕事を円滑に回すマジックワード（気づかい❹）……P.085
- □★☆☆仕事のデキる人は取り入れている「水と肉」（メンタル術❻）……P.137
- □★☆☆スケジュール管理できない人は、「燃費の悪い車」と一緒（時間術❶）……P.156
- □★☆☆毎日チェックするアカウントは5つに絞る（時間術❹）……P.171
- □★☆☆「プレゼンは戦略」なんとなく話したら、絶対に失敗する（プレゼン術❷）……P.204

- □★★☆一流は会議中に「知ったかぶり」をしない（会話術❼）……P.056
- □★★☆できる経営者は目先の利益より「急がば回れ」（気づかい❷）……P.075
- □★★☆デリケートな話題は「間接的に」ほめる（気づかい❻）……P.096
- □★★☆最初は「やらないことリスト」をつくらない（時間術❺）……P.175
- □★★☆「15分のスキマ時間」の使い方がいずれ大きな差になる（時間術❼）……P.184
- □★★☆「結論を最初に提示→深掘り」が基本中の基本（プレゼン術❺）……P.217

- □★★★モチベーションの3要素「容姿、不安、承認欲求」（メンタル術❸）……P.122
- □★★★「最悪のシナリオ」を想定しておく（メンタル術❺）……P.131
- □★★★外部の人とのブレストミーティングに参加する（時間術❾）……P.191
- □★★★「執筆」の仕事は絶対に断るな!（時間術❿）……P.194
- □★★★「マーケットインの視点」をベースに「独自の視点」で勝負する（免許皆伝）……P.235

「スピード力」が弱

- □★☆☆「ちなみに、○○を切り上げる
- □★☆☆時間と他人の「1つの方法（メ
- □★☆☆サッカー選手消える方法」（
- □★☆☆限りある時間（時間術❽）
- □★☆☆成功するプレ伝えて、何を（プレゼン術

- □★★☆「私は○○し（気づかい
- □★★☆予定が未定最優先で（
- □★★☆疲れたら「腸腰筋」（メンタル
- □★★☆「4つのス解放される
- □★★☆スライドをる（プレ
- □★★☆「皆さんに待つ（フ

- □★★★週8時間確保する

「読了→実のサイクルを自然と収入いき

超速仕事術

馬渕磨理子

PHP

時間と戦ってはいけません。
お金持ちになる人も、ビジネスで成功する人も、
「今」を全力で楽しめる天才だからです。

はじめに

●トップ1％の人は、なぜ「暇すぎる」のか

「効率よくタスクをこなしているのに、時間が足りない。むしろ、どんどん忙しくなる」
「一生懸命、仕事をしているわりに、お金が貯まっている実感がない」
「このまま今の仕事を続けていて、一生食っていけるスキルが身につくのだろうか」

本書はこうした不安と悩みを抱えるビジネスパーソンに向けた、ムリせず収入が増える「とっておきの仕事術」を身につけるための本です。

その方法論について話す前に、少しだけ私の体験談を紹介させてください。

普段、経済アナリストとして活動している私は、フリーランス、正社員、非正規雇用、経営者、創業者、などいろいろな立場の人にお会いします。時には、スポーツ選手や芸能

人、政治家の方などにも取材をさせてもらう機会があります。

そんな人たちに、雑談のなかで、必ず私がする質問があります。

「最近、どうですか？」

99％の人からは、

「忙しいよ」「ムダな仕事が多すぎてさ」

といった仕事の愚痴が返ってきます。

しかし、残り1％の人たちは、

「暇すぎて困っているんだ」

とニコニコしながら即答するのです。

誤解してほしくないのですが、その1％の人たちは全員、ビジネスで成功をおさめてなお、精力的に働かれています。はたから見て、とても暇そうには見えません。

経営者同士の勉強会を立ち上げたと思ったら、翌月にはその仲間と事業提携にこぎつけている。一方で、働いてばかりと思いきや、週末になると家族や友人とのキャンプを楽しむ、ジムで体をメンテナンス。聞いているだけでも楽しくなる話が次々飛び出します。

なかには「取材先で面白い人に会った？　その人の話を聞かせてほしい」「今度、こういう事業をやりたいんだけど、どう思う？」と会ったばかりの私に意見を求めてくる人もいました。

そろいもそろって、フラットな印象で自然体、でも心から人生を楽しんでいる様子に、出合い頭の一瞬ですっかり魅了されてしまうのは、言うまでもありません。

いつのまにか、私は「この人を応援したい」という気持ちになってしまうのです。

●「ただの忙しい人」からの脱却

冒頭からつたない話にお付き合いくださり、ありがとうございます。

先ほど述べたとおり、私は経済アナリストとして仕事をするかたわら、講演や執筆、メディア出演のほか、ユーチューバーとしても活動しています。

この1年の活動数をざっと紹介すると……

講演数200本!
テレビやラジオなどメディア出演数200本!
オンライン記事など記事執筆300本!

「日本一多忙なアナリスト」などと紹介されるくらい、自分でも驚くほど、馬車馬のごとく働きまくっています。これに加え、通常の業務タスクや、ベンチャー企業の社員としての仕事もこなします。

ありがたいことに、「影武者がいるんですか?」「何回、死んでいるんですか?」といった、失礼なのか心配しているのかわからない声をたくさんいただくのですが、

大丈夫です! まったく疲れません。

強がりではなく、毎日楽しく仕事ができています。

毎朝インプットを欠かさず、睡眠は毎日6時間とって休んでいますし、週末はジムに通ったり、ネイルサロンに行ったりする時間もあります。

そう、冒頭で紹介した「1%」の方々のような生き方を実現できているのです。それなのに、自分で言うのは気が引けますが、会社員時代に260万円だった私の年収は、たった2年で10倍以上に膨れ上がりました。

そんな私ですが、じつのところ数年前までは、文字どおり、仕事に忙殺される日々を送っていました。

早朝から深夜まで会議と打ち合わせが続き、休日も仕事を持ち帰り、ひたすら作業。気づいたら1年、また1年が過ぎていく……。

やるべきだったリサーチや取材の準備に時間を割けなくなるばかりか、せっかくチャンスをもらった講演の仕事の前日に体調を崩してしまい、１００％の力を発揮できないという苦い経験もありました。

こんなこともありました。

朝昼のスケジュールがパンパンでチームミーティングできる時間帯が夜しかない。私のスケジュールに合わせて、夜11時以降に設定してもらう、といったことが、何度もありました。

そんな日々が続き、一緒に働いている人に迷惑をかけていることに気づきました。

これではいけない。

心身ともに極限まで疲労困憊（こんぱい）に陥った私は、抜本的に働き方を変えました。

具体的な改善策は本編に譲るとして、真っ先に行なったことは次の2つでした。

・自分の「軸」を持つ
・仕事を「捨てる」

●やりたいことが明確でないと、余計な時間を奪われる

冒頭で話した「1%」の人たちには、興味深い共通点があります。

自分の「軸」がブレていないことです。

突然ですが、質問です。

あなたにとって大切なことは何ですか？

この質問に即答できる人は、自分の軸を持っている人です。

・大切にしたい仕事は何ですか？
・ワクワクする、やりたい仕事は何ですか？
・家族との時間を大切にしながら、仕事をしていますか？
・誰と仕事をしたいですか？

これらの質問に即座に答えられない人は、時間に絡め取られて生きていると言っても過言ではないでしょう。

あなたなりの軸がないと、効率的に働こうとすればするほど忙しくなります。効率化すれば時間が生まれ、そこに新たな仕事の依頼が入ったり、会う人の数が増えていくからです。そうやって知らず知らずのうちに、心も体も疲れ果てていきます。

軸については「こうあるべき」などといった正解はありません。

「このまま仕事を続けて、いずれ社長になりたい」
「今の会社で働きながら、自分の趣味を生かして副業で稼ぎたい」

「少し背伸びをして、クリエイティブな仕事ができる企業に転職をしたい」

こうした自分の「欲求・エゴ」をさらけ出してください。誰かにわざわざ話す必要はありません。自分だけが、自分の「欲求」をしっかり認識していれば、軸はブレようがないはずです。

●仕事を捨てられる人、仕事に捨てられる人

もう1つは、仕事を「捨てる」ことです。

あなたがスキルやキャリアを高めて収入を増やすために、1つお願いがあります。

「仕事を任せたい」と言われても、キャパオーバーであれば、断る勇気を持ってください。

私は断ることが苦手だったころ、無理をしてでも、相手の要望やスケジュールに合わせることが正しいと思っていました。

「自分だからお願いされている、自分の能力に期待してくれている……だから何としても

応えよう」

そういう思いでなりふり構わず仕事を引き受けた結果、心身を病んでしまいました。

厳しい表現になりますが、この場合の「期待」は幻想です。

たくさん依頼を受けるなかで、必ずしも「私だから」依頼しているわけではないケースがあります。頼む相手はほかにもたくさんいるなら、次に当たってもらえばいいだけのこと。それだったら、早く断ったほうが相手のためにもなります。

たしかに、どんな小さな仕事でもすべてキャッチしていく時期は必要です。「意志」を持って断らずに働く時期は、大切な「資産」になります。

しかし、ある一定の時期を超えたら、断ることをしなければ、次の「価値のある仕事」ができなくなります。コツコツ働く時期を「資産」だとすれば、断ることは「レバレッジ資産」の構築につながります（次ページ図参照）。

■仕事を断ることで「大きなループ」へ

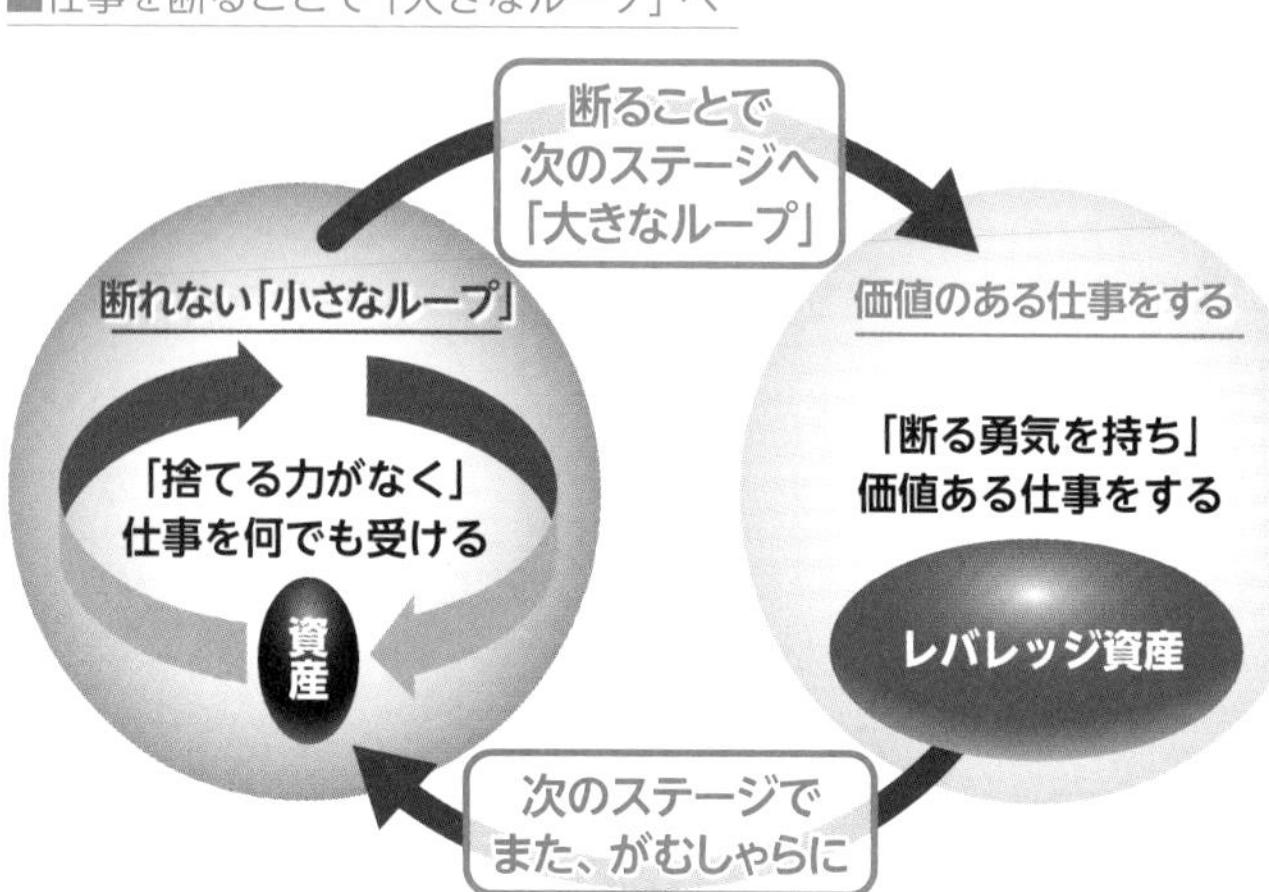

仕事を断れない人は、メリーゴーランドのように同じ場所でグルグル回り続けるようなもの。同じ場所に留まって仕事をしていては、収入はいずれ頭打ちになります。

勇気を持って仕事を断ってみると、次のステージで、がむしゃらに働くサイクルが再び訪れます。私もこれまでさまざまなキャリアを通ってきましたが、捨ててみないと見えない景色があるのは、本当だなと身に染みて感じます。

不安に思うかもしれませんが、大丈夫です。仕事を多少断ったところで、職を失いません。誰もあなたを責めません。キャパオーバーになって質の低い仕事をアウトプットするほうが、よっぽどリスクです。

仕事を捨てる・断ることが、目の前の相手のためになり、あなたのためにもなるのです。

このループをとにかく高速で回すこと。私がそうだったように、気づくと人間関係が途切れず、自分のやりたい仕事が舞い込んでくるはずです。

一流の経営者から大谷翔平までやっている「自然体」のスキル

そのうえで、皆さんにめざしてほしいのは、「自然体（ニュートラル）」になることです。

自然体とは、「飾らない、良く見せようとしない、背伸びをしていない状態」のことです。

ビジネスシーンは緊張の連続ですし、責任も伴います。ともすればカチカチに固まってしまい、いつもの自分が出せません。「なぜいつもどおりできなかったのか……」と、うまくできなかったことを後悔しては、自信をなくしていきます。

しかし、自然体の状態を維持できると、ビジネスや投資、日常生活において確実に成果を出せるようになります。

ムダな営業やコミュニケーションがいらなくなり、余計な時間を節約できる。また、周囲が「結果」ではなく「成長過程」を評価するようになるので、精神的負担も軽減されます。

冒頭の「1％」の成功者も、この特徴を持ち合わせています。

実際、一流と呼ばれる経営者やビジネスパーソンはもちろん、大リーグで活躍する大谷翔平選手までもが、「自然体」の大切さを口にしています。

脳科学においても、最も高いパフォーマンスにつながるとされるのは、「ニュートラル」の状態を維持することだと実証されているほどです。

「自然体なのだから、普通にしていればいいんじゃない？」と思うかもしれませんが、小手先のテクニックでは「自然体」の状態は絶対につくれません。

わざわざ〝自然体でいるための〟努力が必要です。

そもそも、「ビジネスにおいて自然体でいる練習」をしてきた人はほとんどいないのではないでしょうか。そこで、私自身が実践し、その効果を実感している方法を、本書で皆さんにも身につけてもらいたいのです。

●ビジネスパーソンは「推しの銘柄」になれ
――人生にフルコミットするための5つの条件

ビジネスにおける「自然体」とは、具体的には次のようなことだと考えています。

- **大きな成果におごることなく、日々着実に成長する**
- **未来のビジョンを見据えつつ、「今、やるべきこと」に集中している**
- **周囲の人に向けた説明責任・気づかいがしっかりしている**
- **誰もがわかる言葉で誠意をもって伝える**

株主やユーザーに信頼され、堅調に成長する「優良企業（銘柄）」の特徴そのものです。

皆さんには、この「推しの銘柄＝推される人材」をめざしてほしいのです。

これらの要素を普段の仕事におけるコミュニケーション術や時間術、メンタル術、資料作成術などに落とし込み、すぐに使える形式にしたのが本書の特徴です。

本書で紹介するのは、2000人以上の経営者や一流のビジネスパーソンとの出会いのなかで培った、仕事のスピードアップを図るノウハウ、収入アップにつなげるためのメソッドばかりです。

そうはいっても、皆さんが、新たに専門的な知識を学んだり、特別な能力を身につけたりする必要はないのでご安心ください。

仕事の効率を上げる時間術について書かれたビジネス書は数多くありますが、コミュニケーション術やメンタル・ハックまで言及したものは見たことがないでしょう。

本書は段階的に読み進めることで、自分に自信が持て、「自然体」に近づいていける構成になっています。各章で扱うテーマと目的は以下のとおりです。

第1章　会話術……すべての活動の基本となる「一流のコミュニケーション」を学ぶ
第2章　気づかい……「持続可能な仕事の好循環」を実現する
第3章　メンタル・ハック……「失敗を引きずらないマインド」を手に入れる
第4章　時間術……「3割=好きな仕事」に取り組むスケジュールを実現する
第5章　プレゼン術……お金と人が自然に集まる「自分の見せ方」を身につける

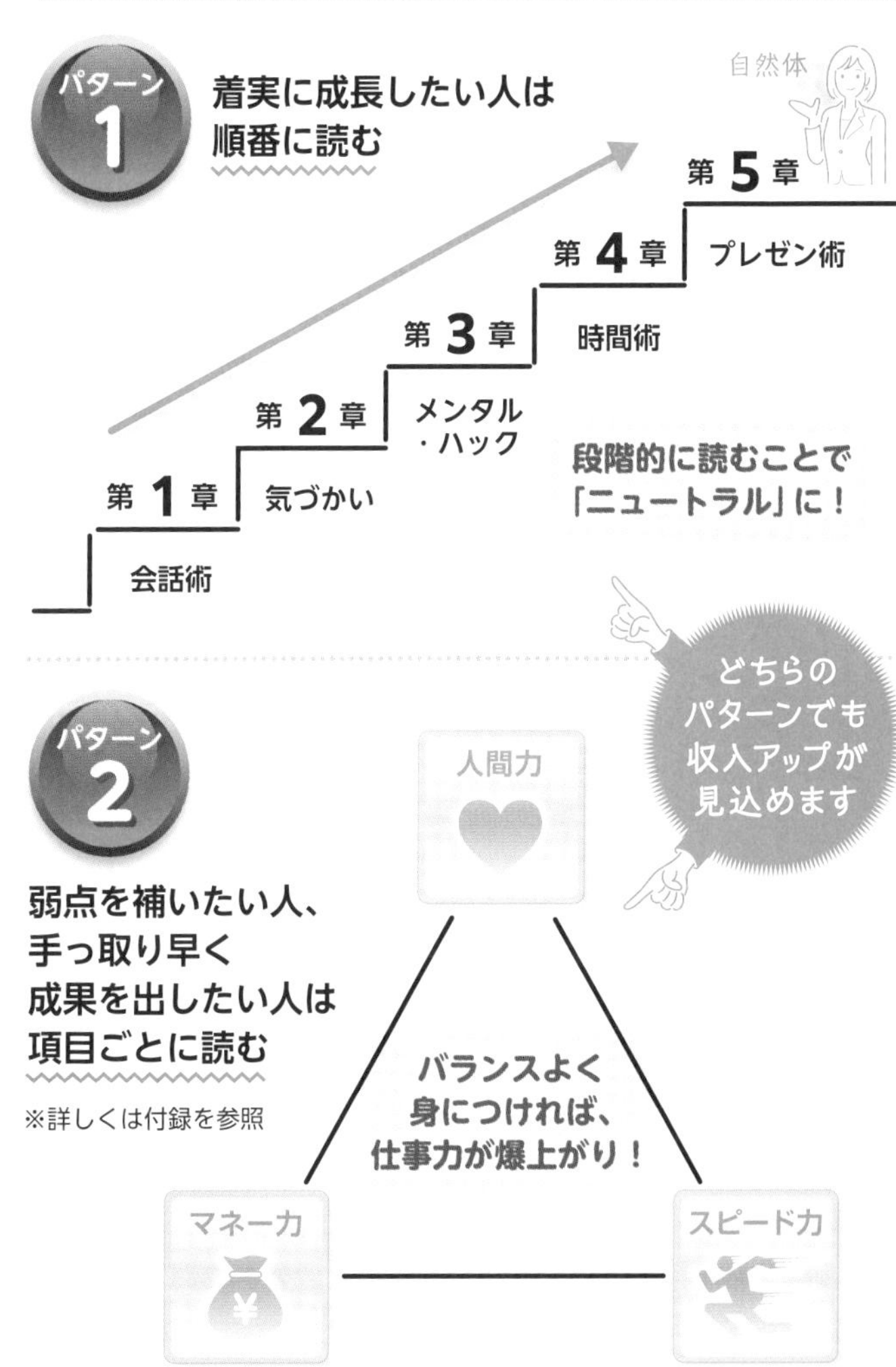
本書の読み進め方
パターン1
着実に成長したい人は
順番に読む
自然体
第5章
第4章
プレゼン術
第3章
時間術
第2章
メンタル
・ハック
第1章
気づかい
会話術
段階的に読むことで
「ニュートラル」に！
どちらの
パターンでも
収入アップが
見込めます
パターン2
弱点を補いたい人、
手っ取り早く
成果を出したい人は
項目ごとに読む
※詳しくは付録を参照
人間力
バランスよく
身につければ、
仕事力が爆上がり！
マネー力
スピード力

前ページ図のパターン2で示したように、目的（スピード力、マネー力、人間力）に応じて読み分けていただいても構いません。
ただし、「仕事の基本を身につけたい」「着実に成長していきたい」「仕事のやり方を見なおしたい」といった方は、第1章から順番に読むことを推奨します。

いずれにしても、これから向き合ってもらうのは「あなたの大切な人生」です。

会社の上司も親しい友人も、親でさえも、あなたの人生に責任は持てません。あなたの人生はあなたが守るのです。

効率化の名のもとに時間を支配しようとして、逆に、時間に支配される。

あるべき自分像をめざすために、今を生きていない。

何でもかんでも引き受ける「都合のいい人」を演じる。

こうした生き方は、生きていくために必要な「資産」を1円も生み出しません。

時間の浪費、ムダづかいです。

間違った「時間の使い方」とサヨナラして、「ほんとうにやりたいこと」「ほんとうにやるべきこと」にフルコミットできるようになる。それが本書の最終ゴールです。

本書のメソッドが、仕事やキャリアに悩んだり、自分に自信の持てない方を励まし、「もっと高みをめざしたい」「稼げるようになりたい」という向上意欲の高い方の背中を押す一助になれば嬉しいです。

少々厳しいことも申し上げましたが、大人の学びは主体的であるべきです。
ありのままのあなたであるために、ぜひ最後までお楽しみください！

馬渕　磨理子

はじめに　004

Communication

第1章

コミュ障でも大丈夫！
なぜかお金が舞い込む人の「コミュニケーション大全」

会話術❶「あなたの言葉」がビジネスの武器になる
話がうまい人をめざさなくていい　032
会話術❷さぁ、勇気を出して「コミュ障」を認めよう
コミュ力は「反復練習」でカバーできる　034
MARIKO's Voice》年間200本以上のメディア出演も「手足が震える」　038

Contents

会話術❸「演説のスキル」より大事な「話し言葉で話すスキル」
本当の勝負はプレゼンの直後にあり …… 040
会話術❹恋愛でもビジネスでも「熱い感情」を押し付けない
「うさんくさい人カテゴリー」に入らないために知っておくこと …… 043
会話術❺相手の背中にそっと触れるように聞く
合言葉は「焦らない、焦らない、大丈夫」 …… 049
会話術❻「ちなみに、〇〇さん」でサクッと長話を切り上げる
「7つのぶっこみワード」で会話を前に進めよう …… 053
会話術❼一流は会議中に「知ったかぶり」をしない
投資にも役立つ「即効メモ術」4選 …… 056
MARIKO's Voice》「都合の悪い過去」を打ち明ければラクになる …… 067

Consideration

第2章

仕事は愛嬌が9割！ また会いたいと思われるトップ経営者の「すごい気づかい」

気づかい❶ 社外のスタッフにも最大限のリスペクトを！
相手の記憶に刻み込む「労いのひと言」 072

気づかい❷ できる経営者は目先の利益より「急がば回れ」
功を導く「大胆、堅実、緻密」 075

気づかい❸ 「私は○○したい」を口ぐせにする
どんなに忙しくても「愛・メッセージ」を欠かさない 079

気づかい❹ 「君のおかげだよ」は仕事を円滑に回すマジックワード
愛されリーダーのさりげないひと言 085

MARIKO's Voice》できる経営者は「9割」相手にしゃべらせる 087

気づかい❺ 成功する人が武器にする「かわいらしさ」の効用
「あなただけの笑顔」をつくる方法 090

気づかい❻ デリケートな話題は「間接的に」ほめる
目上の人から信頼を得る「神・アイスブレイク3選」 096

気づかい❼「無言」も時には思いやりになる
媚を売るな、「したたかさ」をまとえ 099

気づかい❽ 予定が未定でも、アポイントの調整は最優先で
レスの早さは身を助ける 104

永久保存版！ 厳選手土産リスト 110

Mental

第3章

鋼のハートは不要！
「不安」と上手に付き合いビジネスに活かすメンタル・ハック

メンタル術❶ 時間と他人の「奴隷」にならないたった1つの方法
社長でさえも制約がある 115

メンタル術❷ 失敗したら、「チャンス到来！」全力で喜ぼう！
負のエネルギーに「レバレッジ」をかけて飛躍する —— 118

メンタル術❸ モチベーションの3要素「容姿、不安、承認欲求」
コンプレックスのタイプを自覚している人は強い —— 122

MARIKO's Voice》「女性だから」のひと言が成長の原動力に —— 126

メンタル術❹ サッカー選手に学ぶ「10秒で緊張が消える方法」
「きっと大丈夫」は逆効果!? —— 129

メンタル術❺ 「最悪のシナリオ」を想定しておく
年初に「行動計画」を立てる —— 131

メンタル術❻ 仕事のデキる人は取り入れている「水と肉」
食生活とビジネスの意外な関係性 —— 137

メンタル術❼ 疲れたら真っ先にほぐす2つの部位「腸腰筋」「脊柱起立筋」
疲労回復のために運動をする —— 141

メンタル術❽ 「ザ・趣味」よりも仕事の中に〝推し〟を見つける
お気に入りのモノにワクワクしますか？ —— 148

MARIKO's Voice》トムブラウンに気付かされた「独自路線」の強さ —— 152

A method of managing time

第4章

予約の取れないアナリスト直伝！「時は金なり」のスケジュール管理法

時間術❶ スケジュール管理できない人は、「燃費の悪い車」と一緒
自分を「会社」に置き換えて客観視 156

時間術❷ 「4つのステップ」で時間と効率化から解放される
限界を超えたタスクを「断る勇気」 158

MARIKO's Voice》仕事量の「数値化」が人生を豊かにする 163

時間術❸ 週8時間以上「好きな仕事」の時間を確保する
馬渕流「仕事の優先順位」のつけ方 164

時間術❹ 毎日チェックするアカウントは5つに絞る
ユーチューブ、SNSの情報収集「3つのコツ」 171

MARIKO's Voice》「マネー力」を高めるアカウント3選 173

時間術❺ 最初は「やらないことリスト」をつくらない
新しい得意が見つかる「1000本ノック」 175

時間術❻ できるリーダーは全力で休むのではなく、「休みながら養う」
仕事のレバレッジをきかせるための戦略的休暇 178
MARIKO's Voice》早朝からの仕事の「前日&当日」は早く寝る 183
時間術❼「15分のスキマ時間」の使い方がいずれ大きな差になる
メールの情報から英会話、投資情報、自分との対話まで 184
時間術❽ 限りある時間は「アプリ」で生み出す
仕事のできる人はタクシーを戦略的に活用する 188
時間術❾ 外部の人とのブレストミーティングに参加する
複数の仕事を同時にこなすメリット 191
時間術❿「執筆」の仕事は絶対に断るな！
お金になりづらい仕事が人生を豊かにする 194
MARIKO's Voice》「主役」は私ではない――専門家としての生き方 196

Presentation

第5章 お金も人もやってくる!「自分を売り込む」超プレゼンスキル

プレゼン術❶ うまいプレゼンには「しつこいフィードバック」あり
話し下手でもリピートが絶えない秘訣 201

プレゼン術❷「プレゼンは戦略」なんとなく話したら、絶対に失敗する
勝てるプレゼン準備❶計画表 204

プレゼン術❸ 成功するプレゼンは「骨子が命」何を伝えて、何を捨てるか
勝てるプレゼン準備❷構成と時間配分 208

プレゼン術❹ スライドを制する者はプレゼンを制する
勝てるプレゼン準備❸スライド作成 212

プレゼン術❺「結論を最初に提示→深掘り」が基本中の基本
スライド冒頭は絶対に「結論」から入る 217

プレゼン術❻ 受講者が思わず小躍りするような「今日のおみやげ」を話す
「おいしい言葉」が満足度を爆上がりさせる 219

プレゼン術❼「皆さんはどうですか？」のフリ↓3秒待つ
超一流が意識する「問いかけ」「間の取り方」「スピード」 222
MARIKO's Voice》「1分間のブレイクタイム」なら、ゆるい話もOK 225
プレゼン術❽信頼感をマシマシにする「最高のプロフィール」をつくろう
いい企業には、いいHPがある 227
プレゼン術❾「1分、3分、5分」の自己紹介パターンを準備しておく
初対面で差がつく「話し型」 230
免許皆伝「マーケットインの視点」をベースに「独自の視点」で勝負する
最初は依頼者のリクエストにとことん乗っかる 235
おわりに――「10年後のなりたい自分」に会うために、今を生きる 241

装幀：小口翔平＋畑中茜（tobufune）
図版作成：齋藤稔＋齋藤維吹（G-RAM）
編集：大隅元（PHP研究所）

Communication

第1章

コミュ障でも大丈夫！
なぜかお金が舞い込む人の「コミュニケーション大全」

仕事を円滑に進めるうえで、コミュニケーション力は必要不可欠と言われます。

でも、ほんとうにそうでしょうか？

お金持ちになる人、ビジネスで成功する人は、必ずしも話し方に自信があるわけではありません。むしろ、口ベタな人のほうがうまくいっているケースもあります。

彼らは、ちょっとした工夫で「コミュ力」を補っているのです。

わざわざ性格を変えることも、高度なトレーニングを積むこともなく、誰でも簡単に、仕事のスピードアップにつながる「とっておきのコツ」をお伝えしましょう。

会話術 ①

「あなたの言葉」がビジネスの武器になる

話がうまい人をめざさなくていい

ビジネスにおいて最も信頼されるコミュニケーションスキルとは、ロジカルに伝える力でも、流暢（りゅうちょう）に説明する能力でもありません。

自然な「声」で、自然な「言葉」で、「自分の考え」を伝えることです。

私が普段意識している話し方はとてもシンプルなものです。

・高齢の方が聞き取れるくらいの「スピード」と「声のトーン」で話す
・中学生でもわかる「言葉」を使って話す
・ネットや人から見聞きした情報ではなく、「自分の考え」を話す

これまで出会ってきた一流の経営者はもれなく、これらの要素を満たしていました。

そう、「はじめに」でも述べた「自然体」こそ、ビジネスにおいて最も信頼される要素なのです。これは見落とされがちな事実です。そして誰でもできることではないから、価値になるのです。

ビジネスは真剣勝負の場。そして、正解はありません。そんなことは、いちいち確認するまでもなく、誰もがわかっています。

だからこそ、仕事におけるコミュニケーションに、うまく見せる話し方や発声法も魔法のようなテクニックも必要ありません。

自然体でビジネスをする。自然体で相手と向き合う。

ありのままでいいんだ、自然体でいいんだ。そう思えば気持ちがラクになりませんか？

会話術 ②

さぁ、勇気を出して「コミュ障」を認めよう

コミュ力は「反復練習」でカバーできる

しかし、自然体という、誰でもできて簡単そうなことをビジネスシーンで実践するのは、

意外にも難しいものです。

かつて私も、クライアントからの信頼を得たいという一心で、発声法や論理的な話し方の練習を重ねたこともありますが、すぐに効果がでませんでした。

謙遜（けんそん）なんてしていません。

たしかに、これまで2000人以上の経営者やビジネスパーソンと仕事を通して取材や打ち合わせなどをしてきました。テレビやウェブの番組で専門家の人と討論する機会も毎週のようにあります。だからでしょうか。

「馬渕さんは、コミュ（ニケーション能）力が高いね」

なんて言われる私ですが、話すことは大の苦手です。

自他ともに認める典型的な「コミュ障」で、じつは医師からもコミュニケーション障害だと診断されています。私をよく知る友人からは「本当はどもりもあって、人前で話すと緊張するタイプなのに、弱点をなんとかカバーしているね」と言われます。

誰かと話すときは、つねに体に力が入っている緊張状態。気を抜けば息があがり、早口になり、言葉が出なくなります。体が熱くなり、汗がひっきりなしに出て、会話を続けることが辛い。言葉を紡(つむ)ぐことが難しい……。社会人としてやっていくのも一苦労です。

そんな私が、なぜアナリストとして仕事をできているのか。

それは、「自然体でいいんだ」と開き直ったからです。

アナリストは膨大な情報を調査・分析し、整理して、伝える仕事です。「コミュ障だからこそ、世の中の事象をわかりやすく簡潔に解説しよう」と180度意識を変えたことで、コミュ力をカバーできるようになったのです。

●まずは、弱さを自覚する

私は一度も、自分がコミュニケーションを得意だなんて思ったことはありません。

しかし、取材先の担当者から、

「うちの社長が馬渕さんとの対談時に初めて語った逸話があります」

「こんなにリラックスして話をしている社長を見たことがない」

といったお声とともに、

「馬渕さんの（〝自然体〟の）コミュニケーション術を参考にしたい」

と言っていただけたことが何度もあります。


コミュニケーションに対して人並み以上に苦手意識を持つ私が、「コミュニケーションが得意」そうに見えているのであれば、話すことに対して私ほどマイナスな感情を負っていない〝あなた〟なら、もっと楽しく、生き生きと社会で活躍できるはずです。

まずは「自分は○○が苦手」だと自覚することです。


周りからどう評価されようが、苦手なモノは苦手だと腹をくくる。そうしないと人は努力して改善しようとしません。

国民的アイドルグループのメンバーが「自分はダンスが苦手」、超一流のサッカー選手

MARIKO's Voice

が「俺のドリブルは下手くそ」と語っているのを見たこともあります。
思い切って「自分はコミュ力がない」と口にしてしまったほうがラクになるかもしれませんね。

column

年間200本以上のメディア出演も「手足が震える」

初めてテレビ番組に出演した日のことをよく覚えています。

急遽（きゅうきょ）、当日の生出演が決まり、本番まで10時間を切っていました。話すことに自信のない私は、出演が決まってから約3分間のコメントを何度も繰り返して、気づけば声がガラガラに。なんとか本番を終えましたが手ごたえはまったくありませんでした。

これではダメだと思い、翌日からプロのスピーチレッスンに駆け込みました（月に一度のレッスンに通い続けて現在3年目）。

年間メディア出演200本以上、年間200本以上の講演をこなしてもなお、話すことに自信がありません。実際、今でも人前で話すときは緊張で手足が震えます。そんな自分をコントロールするために、プロのレッスンを受けながら、自宅で「自主練」も欠かしません。初出演時の緊張感を思い出すと、練習せずにはいられません。

あらゆる欠点は努力でカバーできます。

忙しい合間を縫ってでも努力しろ、と言っているのではありません。人は誰でも、欠けている部分があります。もし、それが努力で補えるもので、それにより自分の人生が楽しくなると思えるなら、限りある時間を惜しみなく投資すべきだと思うのです。

話すこと以外にも、私には欠けている要素がたくさんあります。他の能力も同じように反復練習を何年も続けることで、普通にみんなができている基準にまで、ようやくたどり着いている感覚です。

そんな私が、さまざまな経営者に会うなかで、後天的に身につけたコミュニケーションのポイントを次項から紹介していきます。

会話術 ③

「演説のスキル」より大事な「話し言葉で話すスキル」

本当の勝負はプレゼンの直後にあり

マネー力

Level：★☆☆

はっきり言いましょう。

「作り込まれた」うまい話し方は、通常のビジネスにおいてほとんど役に立ちません。伝えたい内容を自分の言葉にして初めて、相手に真意が伝わるのです。

もう1つ、覚えておいてほしいのが、感情任せに話さないこと。喜怒哀楽を極力おさえた「自然体のコミュニケーション」こそがビジネスにおける関係構築のカギを握ります。

話し方ひとつとっても、演説、討論、演技とシーンに応じてさまざまなスキルが存在します。

これらのなかでも私が重視するのは、「話し言葉で話すスキル」。

日常のビジネスシーンで、自分の想いを落ち着いて話す力です。

△演説のスキル……プレゼンや発表で使える
△討論のスキル……会議、話し合いで使える
△演技のスキル……プレゼン、動画収録などで使える
◎話し言葉で話すスキル……どんなシーンでも万能に使える！

私が受けているレッスンでは、演説や討論のスキルはほとんど学ばず、とにかく落ち着いて自分の言葉で話すように意識を向けるよう指導されます。

最近はオンライン講演の依頼も多くなっており、自分の想いを自分の言葉で話すテクニックが活かされるシーンは増えていると実感します。

そのことを象徴する例として、アナリストになる前、営業職だったころの話をします。

企業訪問して自社の製品を説明するにあたり、上司の営業プレゼンをすべて録音していた時期があります。それを原稿に起こし、何度も練習を重ね完璧に再現していました。

その結果、「馬渕さんのプレゼンは上手だね」とほめられるようになったのですが、不思議なことに営業の成果にはさっぱりつながりませんでした。

理由は明白です。

私は「演説のスキル」を磨いていただけだったのです。

相手企業がどういったことに困っていて、サービスを導入するにあたって何が障害になっているのか。サービス自体が必要ないのか。それともサービスを導入したいが金額が高くて迷っているのか。導入するにあたって社内で使こなせる人材がいないのか……。

こうした大事な要素をなにひとつ聞きだせていませんでした。

企業の悩みを聞ける大チャンスは営業説明の後にやってきます。いくらプレゼンを上手にこなしても、その後のヒアリングがグダグダでは、意味がありません。

まさに、「うまい話し方」だけにこだわる、実のない時間を相手に強要していたのだと思います。

プレゼンの練習はそこそこに、本来やるべきことは訪問企業（人物）の予習です。

予習に時間をかけると、会話に余裕が生まれます。スピーチ後の雑談タイム、プレゼン後のヒアリングこそ、差がつくチャンス。営業説明やプレゼン以上に気合いを入れて「自分らしく」話す。それだけでも十分、相手にあなたの熱意は伝わるでしょう。

会話術
❹

恋愛でもビジネスでも「熱い感情」を押し付けない

「うさんくさい人カテゴリー」に入らないために知っておくこと

マネー力
Level：★

前のめりの気持ちが逆効果になることもあります。

営業職時代に、

「絶対に一緒に仕事がしたい」

「力になりたい」

「次のアポイント日を早く決めたい」

といった熱い感情を、ストレートに伝えすぎたがために、「次のアクション」につながらないことが多々ありました。

一方的なラブコールは恋愛と同様にビジネスでも報われないことのほうが多いようです。

まだ関係が構築できていない状態で、自分の感情や理念を前面に押し出すと相手は引いてしまうので注意しましょう。

熱い想いを持っていても、それをそのまま言葉にしないほうが相手に受け入れられます。

一流のビジネスパーソンは、自分の感情を自在にコントロールします。

相手の言葉に対し、たとえ本音だったとしても、

「ほんとうにすごいです!!! 最高ですね〜」

なんてオーバーなリアクションを絶対にとりません。

黙ったまま、相手の目を見て「うん」と大きくうなずくのみ。

感情をぐっと抑えるのです。

瞬間的な「感情」はともすれば冷めやすく、その人を信頼するにはマイナスに働いてしまうケースがあります。そこで自分の「情熱」が瞬発的なものではなく、継続して続くホンモノだと伝えるためにも、一息置くことが大事なのです。

●「読み込んだ資料」に語らせる

感情的と情熱的は違います。

ざっくり分けると、次のようなイメージを持たれやすいです。

×感情的＝一過性
↓「ムラがある」「短期的」「不安定な人」

○情熱的＝継続性
↓「ムラがなく」「長期的」「粘り強い人」

■感情的な人と情熱的な人の違い

感情的な人

感情がダダ漏れ

印象→イタイ、残念感

情熱的な人

感情を抑える

印象→デキる、信頼感

私は、ほとばしる感情を言葉にして何度も失敗してきました。コミュニケーション能力に自信のない私が初対面で口にする熱い言葉に、相手の方は、

「なんだかイタい人だなあ。この人を信用していいのだろうか……」

と違和感を抱いたかもしれません。

こうした危機を察知する感覚は、誰にでも備わっています。

これまで出会ってきたなかで共通する「うさんくさい人」のデータが呼び起こされて、そう認識されるからです。

相手の頭の中にある「うさんくさい人カテゴリー」に自分が入らないように、少しだけ言葉をつつしむ勇気を持ちましょう。

心配しなくても大丈夫。アイスブレイクの雑談や、事前に読み込んできたクタクタの資料などからも「私は、あなたたちが好きです」という気持ちはじんわりと確実に伝わります。

情熱は言葉ではなく態度で示す。

コミュ障だと自覚している人なら尚更、まずはそこから意識してみてください。

「粘り強い姿勢」が大きな仕事を引き寄せる

では、感情的になると、なぜ相手は引いてしまうのでしょうか。

ビジネスの現場において、感情的になりやすい人はその場では調子の良いことを言っても、後になって「やっぱりできませんでした」というケースが起こりがちだからです。

私は、企業のマーケティングの担当者もしていたころ、さまざまな業種のセールスに対応しました。自分が営業する側から、営業を受ける側に変わると、「ああ、こういうことだったのか」と手に取るようにわかります。

たとえば、「御社の成長を、長くサポートしたい」という営業パーソンの言葉を信じて、マーケティングサービスの導入を決める契約の準備を進めていたにもかかわらず、突然、その営業パーソンが「一身上の都合により退社します」といったメールを残して、引き継ぎもなく去っていったことがありました。

またある時は、「取材がしたい」という熱烈なラブコールを受け、その誠意に応えようとスケジュールの合間を縫って予定を空けたにもかかわらず、突然連絡が付かなくなったことも。

こうした人たちを振り返ると、みな「あなたが大好きだ、ずっと横でサポートしたい」という熱い言葉を口にしていました。感情的な人が多かったのです。

相手のことをよくわからない段階で、不確定な要素が見つかると人は不安を感じます。ビジネスの経験が長い人ほど、〝この人はなんだか危なそうだ〟という危機センサーが直感的に働きます。そういう人に時間を奪われた苦い経験が呼び起こされるわけです。

一流の経営者や実業家を見ていると、話のうまさだけで人を判断せず、不器用でも、粘り強く、我慢強い姿勢を見ています。

口から生まれてきたような感情的な人と、冷静沈着な姿勢で情熱的に物事を進めている人。あなたならどちらに大きな案件を任せたいですか？

答えは言うまでもないですね。

会話術5

相手の背中にそっと触れるように聞く

合言葉は「焦らない、焦らない、大丈夫」

人間力
Level：★

聞くことは話すことよりも難しいと言われます。実際そのとおりだと思います。

では皆さんは、理想的な「聞く姿勢」を知っていますか？

相手の背中にそっと触れてさすりながらサポートしている状態をイメージしてください。

もちろん、実際は背中に触れず距離を取って話を聞くわけですが、「わかります。理解できていますよ」という気持ちで、相手の話に耳を傾けます。

意識することは2つだけ。

「相手の呼吸に合わせて」「ゆっくり」うなずくのです。

相手が息を吸い込んで話し出すときに、自分も息を吸います。そうすると、自然に自分の顎（あご）が上がります。そのまま、話を聞き、話し終わるタイミングで「うん」としっかりうなずきます。

ユーチューブの対談動画などを見ても、あいづちが自然な人は、もれなく会話が盛り上がっています。対談相手も安心して話をしているのが伝わります。こうした聞き方を意識

■背中をさするように聞く

していない人も多いので、一度試してみてください。

●あいづちの打ちすぎには注意

一方で、背中をさするのでなく、背中を叩くような接し方をされる人もいます。「うんうん」とあいづちを打ちすぎてしまうケースです。

以前の私がそうでしたが、納得感や驚きを表すリアクションとして何度もあいづちを打ったとしても、相手からすれば「わかる！　わかるよ！」と背中をボンボン叩かれているような印象です。

リモート会議などではそういった反応が望ましい場合もありますが、「本当にこの人、わかってるのかな？」と不安な気持ちにさせてしまうことも。

また、自分が取材される側になってわかったこととして、うなずきが多い取材者は、意外と大事なことを聞き逃しているケースも多いです。逆に「ちゃんと聞いているのかな？」と心配になるほど、じっと話に耳を傾けていた記者から本質を捉えた質問をされたことは一度や二度ではありません。

話し方と同様、聞き方も「力を抜いた、自然体」であることが、信頼につながります。先走る心をグッと抑える。これも大人のビジネスパーソンの振る舞いかもしれません。

コミュニケーションがどうもうまくいかない、自信がないと感じたら、焦りすぎて前のめりになっていないか、一度、自己点検してみてください。

この傾向は、一緒に働く仲間でもなかなか気づけないですし、注意してくれる人も少ないでしょう。

〝焦らない。焦らない。大丈夫。落ち着いて。自然体でいいよ〟

これを合言葉にして、つねに心の中で唱えるようにすれば、肩の力が抜けてきて、だんだんとビジネスでいい関係を構築できるようになりますよ。

会話術
❻

「ちなみに、○○さん」でサクッと長話を切り上げる

「7つのぶっこみワード」で会話を前に進めよう

スピードカ
Level：★

相手との会話の中で困るときがあります。

話をそろそろ変えないと、場が中だるみしてしまう……。そんなときに使ってほしい「魔法の言葉」があります。

「ちなみに、○○さん、――――」

この話術は、上場企業の経営者などを集めたコミュニティ活動などをしている、株式会社IR Roboticsの金成柱社長に教えていただきました。

全国の経営者からとても愛されている、金社長らしい話術です。

長話を終わらせたいときに、「ちなみに」と言って「相手の名前」を呼びかけると、話している相手はいったん、黙ります。

この瞬間を見逃さず、ここまで話していた内容をバッサリ切って次の話題に移ることができます。

効果抜群なので、ぜひ使ってみてください。

逆に、話を深掘りしたいときに、「と、言いますと?」と口にすると、相手はどんどん、次の話をしてくれます。

「そうなんですね」「すごいですね」「なるほど」といったあいづちは、ほとんどのビジネスパーソンができていて、あまり差がつきません。

もう一段先のコミュニケーションをするためにも、あいづちや話を前に進める「ぶっこみワード」をストックしておきましょう。司会や会議の進行などにも使えますよ。

■馬渕流・会話を進める「ぶっこみワード7選」

	ワードと文例	目的
①	**「ちなみに、○○さん」** 例）「ちなみに、加藤さんは昨日何を食べましたか？」	相手の気分を害さず、話を切り替える
②	**「と、言いますと？」** ※「意味がわからない」というニュアンスにならないように、恐縮しながら伝える。	深掘りしたいとき
③	**「ええ、おっしゃるとおりですね！」** 例）「社長のおっしゃるとおりですね。ほかにも印象的だった点はありますか?」	肯定しつつ、さらに深掘りしたいとき
④	**「ええ、おっしゃるとおりですが……」** 例）「社長のおっしゃるとおりですが、こうした意見も耳にします」	反対の意見を聞きたいとき
⑤	**「ここまでの経緯を、どうご覧になっていますか？」** ※唐突にならないように、「ここまでの経緯」を簡単に説明してあげること。	話の切り出し、冒頭の質問で使う
⑥	**「つまり、○○（相手の言葉をオウム返し）ですよね？　それでは……」** 例）「つまり、金融緩和が最大の原因だったわけですね。それでは、次の話題に移ります」	次のテーマに進みたい
⑦	**「ここまでのお話で〜」** 例）「ここまでのお話で気になる点がありますか？」	今の話題をいったん切り上げたい

会話術
⑦

一流は会議中に「知ったかぶり」をしない

投資にも役立つ「即効メモ術」4選

メモはビジネスの手段であり、メモをすることがゴールではありません。

話を聞くときには、メモを取ることは欠かせません。ビジネスパーソンはもちろん、投資家や自営業者、学生や主婦の皆さんも日々、メモを取っているでしょう。ただし、メモを取ることが目的になってしまい、大事な話を聞き逃してはもったいないです。

せっかくなら聞いた話を、自分の知識にしたい。ビジネスの現場で実践したい。誰かと共有したい。そんな目的をサポートしてくれる、さまざまなシーンに応じたメモ術をお伝えします。

1．雑談時——スマホのメモ機能を使う

雑談時にメモを取ることで、相手に対して、「私はあなたのことを信頼しています！大好きです」という気持ちを相手に伝えられます。初対面で信頼関係を築く際などに有効です（コミュ障の私にはありがたいコミュニケーション方法です）。

そもそも雑談は、相手の経験、格言や、生き方、ものの考え方、まだニュースにもなっていない、最新の生の情報を聞けるチャンス。これらは、どんな書籍よりも、どんなメディア情報よりも価値があります。

そんなときは、サッとスマホを取り出し、こう言ってみましょう。

「ちょっと、待ってください！　あまりにも素晴らしい内容なので、スマホでメモを取っていいですか？」

スマホのメモ機能を使って、話を聞きながらキーワードを打ち込むのです。

すべての会話をメモするのではなく、キーワードをメモするだけだから、スマホのメモ機能でこと足ります。食事中など、スマホが失礼にあたるシチュエーションの場合は、紙とペンでメモします。

貴重な情報を持つ人は、ビジネスシーンで「独自性」を発揮できます。メモを取りながら話を聞かれて嫌な人など誰ひとりいません。

後日、「教えてもらったこと、実践しています」「教えてもらった場所に行ってみました！」と、メモした内容をベースにお礼のメールを送れば完璧です！　オススメの本を教えてもらったら、感想を伝えてもいいですね。

2. 打ち合わせ——初耳の言葉はその場でググる

打ち合わせや取材の場合、聞くべき項目は最初から決まっています。

そこで、質問の項目を事前にメモしておきましょう。

■ 会議の意味や課題
■ めざすゴール
■ 具体的に何を実行するのか
■ いつまでにするのか
■ 問題点
■ 他の人の意見
■ 自分の意見
⋮

しかし、そんな予定調和の会議でも、レバレッジのきくメモ術があります。

聞いたことのない言葉や、キーパーソンの名前は絶対に聞き漏らさないこと。知らない言葉はその場で調べます。会話で出てきた人物は、同席者に「○○さんって誰ですか?」と恥ずかしがらずに聞けばいいのです。

ワンモア・ポイント 

メモが会社の信頼を高める

表だって名前は出てこないけれど、重要な役割を果たすキーパーソンは、どの会社にも存在します。そんなキーパーソンと初対面したときに、「先日は、○○社をご紹介いただきありがとうございました」「上司の××から、例の件について伺っております」と開口一番に話しかけると、相手も初めて会ったのに、この人は自分のことを良く知ってくれているなと気分がよくなります。

情報共有をしっかり行なっているという自社のアピールにもなります。

このような、一人ひとりの振る舞いの積み重ねで、会社の信頼が積みあがっていくものです。いざという時に失礼にならないように、むしろ、自分の会社の株が上がることまでを考えて、日頃の会議でも、メモを社内で共有しておきましょう。

3. 取材・営業訪問――「当たり前メモ」で相手の気分を上げる

取材や営業訪問で相手企業に出向く場合も、事前に伺う内容は決まっています。

決算の取材ケースを例に見てみましょう。
良い決算発表をした企業に質問する項目はおおよそ以下のとおりです。

- 今回の決算の内容でなぜ、数字が良かったのか？
- 一時的なものなのか、継続的なものなのか？
- 今期の見通しの着地はどうなりそうか？
- 成長が続く見通しならば、どんな戦略を考えているのか？
- KPIの進捗はどうか？

……

私はこれを「当たり前メモ」と呼んでいます。
どんな業種でも応用できるのでご自身の業務に合わせた形でぜひ使ってみてください。

取材や営業に対応する際、最初から「とっておきの情報」を話したがる人はいません。初対面ならなおのことです。何度もお会いしている相手であっても、まずは、「当たり前メモ」に記した質問から聞いていきましょう。

当たり前メモの情報は、相手も聞かれるつもりで回答を用意するので、よどみなく返答してくれます。

人は、誰でもすらすらと話していると気分が良くなるもの。相手とラリーを交わすがごとく、会話にリズムが生まれます。

「相手に話をさせる」ことは、相手を思いやるうえで、とても大事です。

「私はあなたのことをとても理解しているし、応援しています」

と心でつぶやきながら、全集中して相手の話に耳を傾けてください。

相手がしっかりと話し、滑らかな時間が経過したら、ここからが勝負。ここぞとばかりに少しディープな内容を聞いていきます。

「表に出すかどうかは相談ですが、個人的に気になっている点を聞いてもいいですか？」

このように切り出して、話を深掘りします。

「今回の決算の数字は良かったですが、足元で販管費が思ったより増えています。これについてはどう捉えていますか？」

「解約料が思ったよりも多いですね。原因は何でしょうか？」

など、相手が本心では聞かれたくないであろう部分をグイグイ聞いていきます。もちろん、「外には出さないでほしい」とお願いされれば、それ以上の深掘りはしません。

「使わない可能性の高い情報だったら聞く意味ないでしょ」と思うかもしれませんが、こういった「ここだけの話」を積み重ねることは、意外と重要です。「見えない絆」を結ぶためのきっかけになるからです。絆が深まってここだけの話を漏らしてしまった相手は、あなたに絶大な信頼を寄せるでしょう。

ただし「言わないでほしい」と言われた話は、家族や友人であっても、絶対にしゃべってはいけません。墓場まで持っていくこと。

成功している経営者に、口が軽い人は誰ひとりいません。

あなたもお気をつけて。

4. セミナーや会議の「質問コーナー」――必ず1つ質問する

講演会やセミナーでは、最後に質問時間が設けられていることが多いです。社内の会議でも、「最後に質問がある人はいますか?」と聞かれますよね。

ボーッと、何となく人の話を聞いていても、なんの気付きも疑問点も課題感も生まれてきません。60分、90分座っているだけの時間はとてもムダです。

どうせだったら、この時間を使ってレバレッジをかけましょう。

講演や会議の最後に必ず質問する、と決めておくのです。

登壇者や発言者に質問することを自分に課せば、「日銀の政策についての評価を深掘りしたい」「賃上げについてどう思っているか、この機会に聞いてみよう」といった具合に次々と疑問点が浮かんできます。

このプロセスが大事なのです。

何がわかっていて、どんな項目をもう少し詳しく聞きたいのか、自分の「知識の量」を把握する機会は、忙しい日常でなかなかありません。この時間を有効に使いたいものです。

そうはいっても、手を挙げて質問するのは恥ずかしくて、緊張しますよね。

私も緊張で手や声が震えてうまく質問できないこともありました。

それも気にしないこと。緊張を伴う経験は記憶にしっかりと残ります。講演の中で得た気づきや、自分が質問した内容は明確に覚えているものです。

ムダな時間にするか、意味のある時間になるかどうかは、あなた次第です。「必ず1つ質問をする」と決めてセミナーや会議に参加してみてください。

質問はコスパの高い時間の使い方

セミナーで質問すると「注目される」という利点もあります。

セミナー後の交流会で「さっき質問していた方ですよね? 名刺交換よろしいでしょうか」と声をかけてもらえます。 それがビジネスにつながったケースは少なくありません。

地方銀行の基調講演に呼んでいただいたときのことです。ある地銀の幹部の方と控室でお話しする機会があったのですが、 そこで、 質問者についての話題になりました。

「あの質問は良かったよね。 どこの会社の方なんだろう?」

つまり、セミナーで質問をすれば、その地域のコミュニティにおいて、「やる気のある人」だと認識されるということです。

講師に顔と名前を覚えられても、 その後のビジネスではあまり役立ちません。しかし、自分が属するコミュニティでプレゼンス(存在感) を上げれば、ひょんなところから、お声がかかる可能性があるのです。

「質問タイム」 は自分の存在を示す絶好のチャンス。「自分がここにいた」という痕跡を残すのに、最もコスパの高い時間の使い方です。 積極的に活用しましょう。

MARIKO's Voice

column

「都合の悪い過去」を打ち明ければラクになる

「はじめに」でもご紹介しましたが、仕事において「捨てる力」はとても大事です。

私は自分のキャリアについて考えたときに、「経営者になることを捨てる」と決めました。専門家としてキャリア形成する道を選んだので、マネジメント職にならない意向を、自分の上司にしっかりと伝えました。

そのため、専門性を要する仕事を優先して任せてくれる一方で、マネジメントの仕事はどんどん剥がしてくれました。

「できないことはできない。苦手なことは苦手」と先に宣言しておくと、周囲も仕事を頼みやすくなります。

個人的な話になりますが、私は仕事だけでなく、生きるうえでも、「求められているイメージ」を演じないように心がけています。

テレビ出演も多いことから、「ご両親が喜ばれているでしょう」「親孝行の娘さんですね」なんてありがたいお言葉をいただきます。

「きっと、良い娘に違いない」

そうであってほしいというイメージが形成されてしまったのだと思います。

しかし私は、両親とは5年近く会っていません。

決して「良い娘」ではない。この事実を知れば、ショックを受ける人が多いかと思いましたが、『日本経済新聞』のインタビューで自分と母の関係について初めて明かしたところ、多くの方から「私もじつは、親子関係で悩んでいるんです」という声を多くいただきました。親に対する敬意があるがゆえに、親との関わり方に悩む人は多いようです。

それがわかってから、気持ちがスーッとラクになりました。

なぜ、今の自分があるのか。なぜ、今の仕事ができているのか。両親との間に抱えている問題についてまで包み隠さず話すようにしています。

これも、ビジネスの現場で、自分が自然体でいたいからです。

誰しもそれぞれに人生を歩んできて、何らかのことを抱えています。何もないなんて人のほうが少ないでしょう。

誰かが決めたイメージを演じながら仕事をすると、かえって仕事がうまくいかない事態を招いてしまうことも。「あれ、優秀な彼が何でこんなミスを」「思っていたより適当な人だな」など、過信していたぶん、本来の実力に沿った評価をされなくなるのです。

だからこそ、自分から先に、弱いところをさらけ出す。

かっこつけたところで、いいことはありません。恥を忍んで、弱さをさらけ出す。都合の悪いことは、先に言う。ビジネスの現場でも職場でも、鎧（よろい）を外して丸裸になる。

そうすると、相手もあなたを信頼して心を開き、その後のビジネスも円滑に進められるでしょう。

column

Consideration

第2章

仕事は愛嬌が9割！
また会いたいと思われるトップ経営者の「すごい気づかい」

本章では、私がお会いしてきた経営者約1000名をサンプルに、「また会いたくなる」人になるための秘訣を紹介します。

「また会いたい」と相手に思ってもらえると、仕事が円滑に進められるだけでなく、関係が途切れずキーパーソンを紹介してもらえるようになります。質の高い仕事が雪だるま式に膨れあがり、いずれ収入にも跳ね返ってくるでしょう。

気づかい
①

社外のスタッフにも最大限のリスペクトを！

相手の記憶に刻み込む「労（ねぎら）いのひと言」

ビジネスの現場で「また会いたい！」と思われる人は、2つのことを意識しています。

1. スタッフが100％の力を発揮できるように気づかう
2. 他社のスタッフに対しても「ほめ言葉」をかける

この2つがビジネスを最速で成功に導くために有効な手段であることを心得ています。彼らは、とにかく、相手をいちばんに考えて、行動する。実際、私が知っている優秀な経営者たちも、仕事相手をリスペクトする姿勢を忘れません。

それぞれ見ていきましょう。

1．スタッフが100％の力を発揮できるように気づかう

ビジネスの現場では、他社と一緒にプロジェクトを進める機会が数多くあります。

良いプロジェクト、悪いプロジェクトを分けるのは「終わった後の満足感」が大きいのではないでしょうか。

プロジェクトを終えて「また一緒に仕事をしたい」「楽しかった！」と思えるのは、自分が役割を果たせたことを実感できるからです。ゴールをみんなで共有し、達成を歓び合えるのは格別の瞬間ですよね。

企業合同でイベントを企画するとしましょう。そのとき、プロジェクトの合意形成やコンセプトなどはマネージャーやリーダー格が決めます。しかし、当日までの進め方や詳細、当日の運営などはサポートポジションのスタッフが行なうことが多いです。

イベントの方向性が決まると、マネージャーは現場に任せつつも、当日までにトラブルや揉め事があったときにだけ出てくれば、チーム全体が自分の仕事に専念できます。余計な介入はしない。これは、現場の達成感につながります。できるリーダーはこうした現場スタッフへの配慮をさりげなく行ないます。

2. 他社のスタッフに対しても「ほめ言葉」をかける

さらに、チームの中での〝株を上げる〟絶妙なひと言も欠かしません。自社のチームではなく、他社のチームのスタッフに対してです。

ある会社が主催するシンポジウムに登壇したときのことです。主催する企業の経営者がクライアント先に対して、

「御社の運営チームは素晴らしいね」

「あなたのおかげで、今日は助かったよ！」

と言って直接、一人ひとりに感謝の気持ちを伝えて

いました。しかも相手の手を強く握って、深々と頭を下げて。

他社の社長から労いの言葉を掛けられたら、嬉しいに決まっています。当然、相手先におけるその人の評価もうなぎ上りでしょう。

残念ながら、そこまで配慮できるリーダーは、ほとんど見かけません。経営者クラスだとその数はさらに少なくなります。

まず、相手の存在をリスペクトする。そして感謝の気持ちを言葉にする。そうした行動の積み重ねで、相手から「また会いたい」と思ってもらえるはずです。

気づかい ❷

できる経営者は目先の利益より「急がば回れ」

功を導く「大胆、堅実、緻密（ちみつ）」

マネー力

Level：★★☆

優秀な経営者にザックリとした大雑把（おおざっぱ）な性格の人はまずいません。

経営者といえば「大胆な判断を下す」ようなイメージを想像しがちですが、根底にあるのは「堅実&緻密」です。その基盤があったうえで、さらに「大胆さ」も求められます。

成功している経営者と、そうでない経営者との違いは「細かさ」だと言っても過言ではありません。

たとえば、企業買収の決定は経営層の一部にしか、その情報は共有されません。

- なぜ、その企業を買収するのか
- なぜ、今なのか
- いくらで買収し、何年で回収できるのか
- 資金はどこから調達するのか
- 既存事業とのシナジー効果はあるのか

こうしたことに関して、買収決定前に綿密な交渉が水面下で行なわれます。

「何となくで、ビジネスはうまくいかない」と数多くの経営者の口から聞いてきましたが、最後の最後まで重箱の隅を爪楊枝（つまようじ）でほじくるごとく、こだわり切る経営者の忍耐力と緻密さは尋常ではないのです。

●成功する経営者は「目立たない」

ここで、株式投資をする人に向けて「成功する企業（経営者）の見分け方」を教えましょう。

成長する企業の経営者にはある特徴があります。

株の銘柄でたとえるなら、ストップ高を連発するような派手さはないけれども、じわじわ上昇し続け、気づけば他の企業よりも株価が成長しているタイプ。

伸びる企業の経営者は、目先の利益ではなく、リスクをいちばんに考えます。とくに、日本のビジネスシーンにおいて、目立つ振る舞いは、一時的にもてはやされても長続きしません。

派手ではないけれど、虎視眈々とチャンスを窺いながら、堅実に企業の成長を進める重要性を知っている人こそ、私は有能な経営者だと思います。

不思議なもので、そういう経営者のもとには、人材（才能）やお金、そして運が自然と集まってきます。

経営者の特徴は企業の成長と連動していると言えますね。

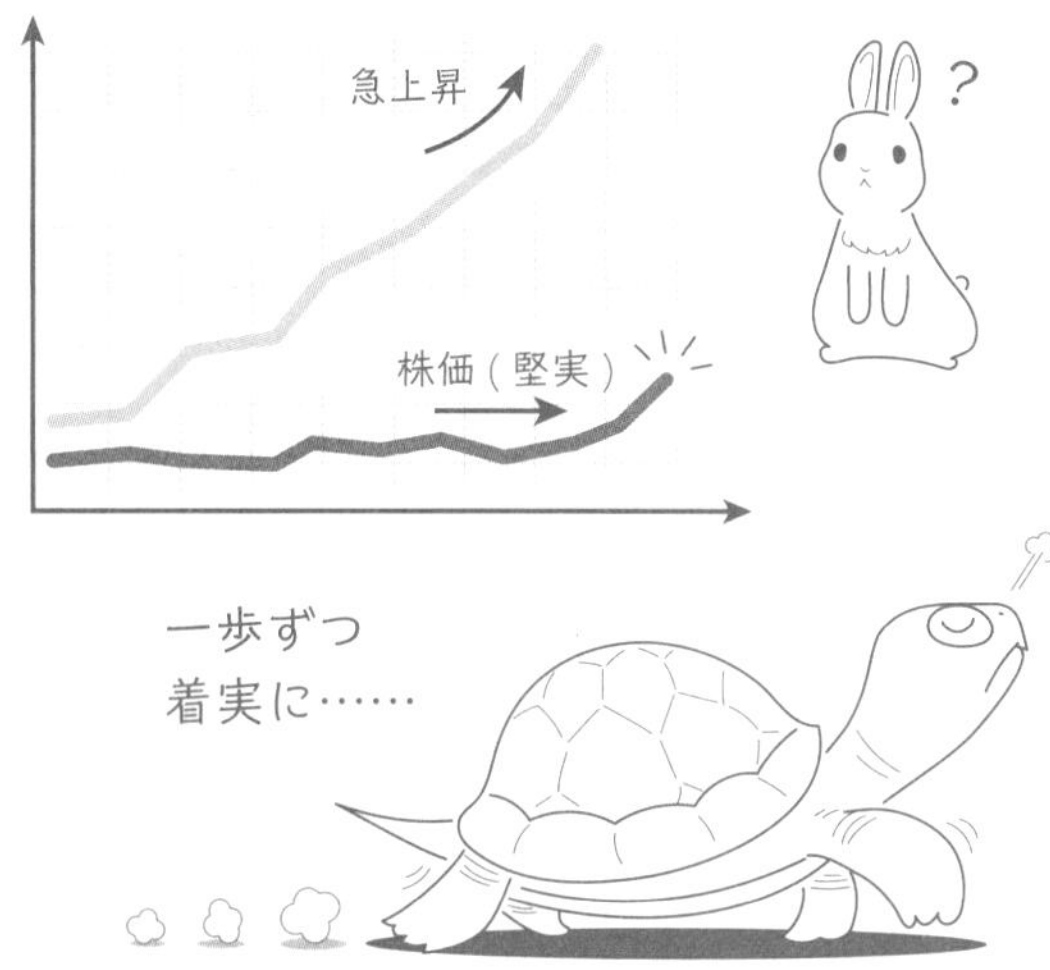

気づかい ❸

「私は○○したい」を口ぐせにする

どんなに忙しくても「愛・メッセージ」を欠かさない

スピード力
Level：★★☆

素晴らしい経営者たちに触発され、私も、役職・立場を問わず素晴らしいと感じた人の言動に対して、その場で直接伝えるようにしています。

後日、メールなどで全員にあらためてお礼を伝えられればいいですが、忙しいときにはどうしても限界があります。そこで現場で、私の気持ちを伝えます。

「あなたのおかげで安心して、仕事を進めることができました」
「あなたの時間管理は完璧だった。これからも頼りにしてます」
「あなたの仕切りは素晴らしかった！　私も今度の会議で真似します！」

これくらいなら短い時間であっても、現場で感謝の気持ちを伝えることができます。

これを心理学で「アイ・メッセージ」といいます。

「私」を主語にして相手の行動を促すメッセージです。相手は命令されているわけではないのに、頑張ろうという気持ちになります。

一方、相手を主語にしたメッセージを「ユー・メッセージ」といいます。「その資料、コピーしておいて」「明日までに申請してください」のように、ダイレクトに命令しているように聞こえませんか?

私は、相手に命令のニュアンスで話すのが苦手です。そのため、自然にアイ・メッセージで話をしていたところ、ある経営者から「馬渕さんはアイ・メッセージでコミュニケーションを取っているね」と言われ、恥ずかしながら初めてアイ・メッセージの存在を知りました。

無意識ながら、周りに受け入れてもらえるように話をしていたことが、心理学では一般的なコミュニケーションスキルだったのです。

「愛」を通わせる会議、「愛」のない会議

どんな仕事も、誰かの協力が不可欠です。ただ、各々事情を抱えており、同時並行で仕事を進めています。自分だけが忙しいのではなく、みんな忙しいのです。

そんななか一堂に会すれば、いいモノを作りたいという気持ちはみな一緒です。

たとえば、企業の動画を作るというプロジェクトには複数の人が関わります。大規模なものだと、30人以上の大所帯になることも。

これほどのメンバーが何回も打ち合わせを重ね、長い収録を経て1つの動画を作るわけですから、みんなでいいモノを作りたいというモチベーションがとても大事になります。

私自身、ユーチューブチャンネルだけでなく、数百本もの動画コンテンツの企画・出演に携わってきた経験からハッキリと言えます。

互いに「愛」が通っているといいモノができます。

愛を通わせるために不可欠なのが、先ほど述べた「アイ・メッセージ」です。打ち合わせの段階でアイ・メッセージを積極的に使うと、チームの意識を目標（ゴール）へと自然に向かわせることができます。

アイ・メッセージとは、「私」を主語にして相手の行動を促すメッセージだと話しました。主語を「私（アイ＝愛）」にするだけで、相手に配慮しながら自分の主張を柔らかく伝えることができます。

アイ・メッセージの例

「私は、この動画で御社の魅力をしっかりと伝えたい」

「私は、視聴者のことまでを考えて動画を作りたい」

「私は、せめて1万人くらいの人にはこの動画を届けたいな」

「私は、あなたの編集だと、とても良いものができると思う。楽しみです」


こういった表現をされると、なんだか前向きに感じられて、一緒に仕事をしていてワクワクしてきませんか？

一方、「ユー・メッセージ」で伝えられたとたん、命令口調に聞こえ、相手はげんなりします。

＼Bad!／

ユー・メッセージの例

「（あなたは）動画で会社の魅力をしっかりと伝えるべきですよね」
「（あなたは）視聴者のことまで考えて動画を作ってくださいね」
「（あなたは）再生回数、1万再生は最低ラインですね」
「（あなたは）動画をうまく編集してね」

このようなユー・メッセージの言葉を発しているケースをよく見かけます。

どこか他人ごとで、冷たい印象を与えるばかりか、再生回数という数字にとらわれ動画を作ることがゴールになると、自分の命が消耗するようなイメージを相手に抱かせてしまいます。

できるだけ、ユー・メッセージをアイ・メッセージに変換して相手と対話しましょう。

■アイ・メッセージを使いこなそう

	◎ アイ・メッセージ （主語が自分）	× ユー・メッセージ （主語があなた）
印象	●個人の考えを伝えられた印象 ●押し付けられた感がない ●受け入れやすい	●命令されたように感じる ●上から目線で評価されたように感じる ●共感できずに、言い訳したくなる
例文	●私は悲しかった ●（私は）やってもらえると嬉しい	●あなたって、ひどい ●（あなたは）なぜ、やらないの？

気づかい ④

「君のおかげだよ」は仕事を円滑に回すマジックワード

愛されリーダーのさりげないひと言

マネー力
Level：★☆☆

あなたは一緒に働くメンバーだけでなく、他部署のメンバー、社外のスタッフにまで目を向けていますか？

積極的に相手の存在を認め、ほめることには想像以上の効果があるのです。

もともと、「アイ・メッセージ」の存在を知らなかった私は、つねにビジネスにおける「愛」とは何かを考えていました。

ある目的のもと、集まった仲間なのです。リーダーは、せっかくなら、やりがいを感じてほしい、みんなで作った誇りを持てる仕事（作品）をできるだけたくさんの人に伝えたいと思っています。

そういった発想で仕事をしていると、「顧客に喜んでもらえる仕事をしよう！」という雰囲気(ふんいき)がチーム内に醸成され、クオリティの高いアウトプットが生まれます。その結果、いいモノができれば顧客に満足してもらえます。その結果、「このメンバーでまた仕事をしたい」と思ってもらえる……。

さらに、チームでの仕事が無事に完了したところで、リーダーから、

「君のおかげで、うまくいったよ」

と労いの言葉をかけてもらったらどうでしょう？

仕事において充実感を得られる、最高の瞬間ではないでしょうか。こういったビジネスシーンの成功体験は幸福感をもたらし、「また、この人と仕事を一緒にしたい」と思わせるのです。

できる経営者やビジネスパーソンは、こうした好循環の仕組みをうまく活用しています。日頃から、さりげなくメンバーを気づかったり、「アイ・メッセージ」を意識的に取り入れているのもそのためです。

リーダーの一言で、メンバーのモチベーションは上りも下りもします。メンバーの気分が自然と上がるコミュニケーションの方法として、「君のおかげだよ」というひと言を意識して取り入れてみてください。

MARIKO's Voice

column

できる経営者は「9割」相手にしゃべらせる

ビジネスシーンでは「1対1」でコミュニケーションするシーンが圧倒的に多いです。そこで心がけたいのは、徹底的に「相手にしゃべらせる」ことです。

自分の話をたくさん聞いてもらえると、人は相手に対して好感を抱きます。

私がまた会いたいと思う経営者は、自分より相手にしゃべらせる時間が長くなるようにいろいろと質問してくれるのです。

「あなたはどう思うか？」

「あなたならどうするか？」
「あなたは、どんなことに興味があるのか？」
「あなたは、どんなことで困っているのか？」
「あなたは、これから何をしたいのか？」

これらの質問に「私は……」と答えるかたちで会話が続いていきます。

たとえ専門分野が違う相手に対しても、「しゃべらせる時間を作る」ことを意識すれば、「また会いたい」と思ってもらえる可能性がグンと高まります。

私が接してきた人たちのなかでその能力が高いのは、組織を回す「マネージャータイプ」に多いです。

複数の組織をまとめる力のあるマネージャータイプは、周囲の人の意見をたくさん聞こうとします。そのうえ、ゴールまでの道筋まで示してくれます。絶対的な安心感と未来の展望を同時に提供してくれるので、面談をすると「また会いたい」と思わせてくれます。

才能の塊のような「クリエイタータイプ」も、好奇心を発揮し、どんどん質問してくれます。このタイプはオープンマインドで考え方に偏りがなく、トレンドにも敏感です。未来志向であり、データなどの根拠も持ち合わせているため、前向きになれるし、一緒にいるだけで楽しくなります。

どちらのタイプにも共通するのは、前向きな姿勢と、未来に向けての視線です。話を聞いてくれる人は向上心が高く、相手との関係性を前に進めようという気持ちに溢れています。それが会話において相手を安心させる「心地よさ」にもつながっているのでしょう。

■相手に話をさせる人はモテる!?

気づかい5

成功する人が武器にする「かわいらしさ」の効用

「あなただけの笑顔」をつくる方法

成功する経営者は、かわいらしい。これは間違いありません。

かわいらしさとは、表情や話し方などから醸し出される「人に好かれる雰囲気」です。顔が整っているといった外見の話ではありません。

「自然体」でかわいらしい。

前述のとおり、コミュニケーションが苦手な私にとって、ビジネスコミュニケーションに欠かせない重要なピースは「自然体＝ニュートラル」だと考えています。

成功する経営者のほとんどが自然体で、だからこそ周囲の人から愛されています。

会食の場で、ある経営者が目上の人から、

「○○さんの頼みだから、仕方ないよね。やってみようか」

と言われ、業務提携の話がとんとん拍子でまとまった瞬間を目の前で見たこともあります。

愛される経営者には、周りの部下がそばで「今日はこういう人が聞いています」「プレゼン資料の3ページめがとくに大事です」「いつもの社長らしく、みんなから信頼されるお話、期待してます！」などとあれこれとサポートやアドバイスをしています。

こういう姿を見ていると、一流の人はその人自身が優秀なだけでなく「愛され力」が抜きん出てきているのだなと感じます。

では、愛される人は、日頃、どんな振る舞いをしているのでしょうか。

答えは、とてもシンプルです。

「この人は私のことを気に入ってくれているんだ」「私を必要としてくれている」と感じさせるような言動を心がけているのです。

たとえば、次のようなことです。

- **しっかりと名前を覚えてくれて、目を見て笑顔で接してくれる**
- **「最近、どう?」と自分に興味を持ってくれる**
- **「いつもありがとう」といった、さりげないひと言を忘れない**

など、これまでの項目でも触れてきたことですね。

でも、いちばんは「自然な」笑顔です。

「笑顔なんて当たり前じゃん」と思うかもしれませんが、意外と奥が深いスキルです。

「自然な」笑顔となると、一段と難易度が増してきます。

笑顔がかわいい人は愛嬌(あいきょう)がある人とよく言われますが、ビジネスにおいて、笑顔がもたらす最大の効果は周囲に対して、「自分は無害」「あなたの協力者・味方」「あなたが大好き」だとアピールできる点にあるのではないでしょうか。

2021年に東京大学の高橋翠(みどり)助教が「笑顔と魅力の関係性――ヒトは顔から何を読み取っているか――」という論文を発表しています。研究は継続されていますが、笑顔が顔の魅力を高めることについても言及されています。

印象の良い笑顔はそれだけで、ビジネスにおいて「武器」になるのです。

●毎朝3分「自然な笑顔」をつくる練習

どんな笑顔で相手に接しているか、意外と自分ではわからないものです。

あなたは自分の笑顔を客観的に見たことはありますか？

自分では笑っているつもりでも、写真を見ると、じつに自信のない表情だったという人は多いのではないでしょうか?

かくいう私も、笑顔が大の苦手です。

テレビや動画に出演しはじめたばかりのころは、自分の姿を客観的に見て、「この申し訳なさそうな表情は何なんだ」と愕然（がくぜん）としました。


自信のない表情は周囲に対しても不安な印象を与えます。この人といると、なんだか気分が上がらないな、と思われてしまうこともあります。


口角をしっかりと上げて歯を出して笑うことは簡単ではありません。自然な笑顔を出せるようになるまで練習あるのみです!

自然な笑顔の人の代表格であるテレビアナウンサーたちも、じつは人知れず笑顔の練習をしています。テレビの生放送でスタジオに伺った際、出演するアナウンサーは本番ギリギリまで発声練習をしていました。日頃から口周りを滑らかにしておくことで、緊張感のある現場でも自然な笑顔がつくれるようになるのです。

それでも、スピーチレッスンや読ませる文章を書く技術に比べたら、ずっと簡単。私が毎朝やっている笑顔のトレーニング法を紹介するので、ぜひ試してください。

チャレンジ！

まずは1ヵ月、毎朝3分間、鏡の前に立って口角を上げて笑う練習をしましょう。

口の周りの凝り固まった筋肉を自分でコリコリとほぐす。これだけで、動きがスムーズになります。最初は、口角が上がらないので、「動け！　動け！」と掛け声をかけながら、日頃使っていない筋肉を引っ張っているうちにだんだんと自然な笑顔がつくれるようになります。

ビジネスの現場でも笑顔の効果は抜群です。

私自身、笑顔を意識するようになってから、友人に「今日は機嫌がいいの？」とか、企業の訪問先で「感じがいいので、話していて気分がいい」といった言葉をかけられ、最後には必ず「また、会いましょう！」と言ってもらえるようになりました。

気づかい
6

デリケートな話題は「間接的に」ほめる

目上の人から信頼を得る「神・アイスブレイク3選」

商談などで立場が上の人と話す際に、どんなアイスブレイク（硬い空気を和ませるコミュニケーション）をすればいいか困りますよね。

私の場合はまず、相手の最近の活躍ぶりを話してもらいます。

これが鉄則なのですが、アナリストとして年間150人以上の経営者に会っていると、自分のことにあまり触れてほしくない経営者もなかにはいます。政治や宗教はもちろん、年収や家庭といった「デリケートな話題」も避けるべきでしょう。

そういう場合は、従業員やオフィスの雰囲気や、その人の周りのものについて触れてみましょう。

「御社のオフィスは特徴的だと、私の信頼するアナリストから聞いていたので訪問を楽しみにしていたんです」

無理にほめると、わざとらしいので、他人の評価を通して間接的にほめること。

そして、自分のワクワクしている気持ちをさりげなく伝えてしまうのです。まずは、「私は敵ではない。あなたの応援者だ」という自分のスタンスを伝えることが大事です。

経営者には人懐っこいタイプが多い半面、警戒心も人一倍強いのです。

アナリストや記者は職業柄、必ずしも経営者の味方だと思われないこともあります。アナリストはマーケットに対して、事実を届ける役割があります。記者も真実を世の中に伝える使命がありますね。なので、アナリストも企業の批判や業績の弱いところを深掘りする立場だと思われがちです。

ただ、私としては企業の良いところを探して、世の中に発信したいと思っています。

そこで、

「以前、インタビューでもお話しされていましたが……」

「先日のプレスリリースは、かなり攻めた内容でしたね。御社の発表で勇気づけられた企業も多いと思います」

と、過去のインタビュー記事の内容に触れたりして、本気度と誠実さを暗に伝えるようにしています。「このご縁を光栄に思っている、短い時間を有意義なものにしたい」という姿勢を最初に示すのが礼儀です。

そんな回りくどいことをせず、「私は、アナリストとして御社の味方です。御社の素晴らしいところを記事で書かせていただきます」といきなり言ってしまうと、相手は悪い気はしないけれど、どこか嘘くさい。デリカシーにも欠けるアプローチです。

そんなこと、最初から言うアホはいないだろうと思うかもしれませんが、何を隠そう、私がそうでした。カチカチに緊張して企業訪問して、名刺交換の直後にそのようなあいさつをしていました。

これでは相手からナメられ、きわどい質問もはぐらかされてしまいます。「賢者は語らず、ほのめかす」と覚えておきましょう。

☑アイスブレイクでの会話術３選

１．直近の活躍ぶりを聞き出す　例「いつになく精力的に動かれていますね」

２．目に入ったものをほめる　例「この絵は、とても素敵ですね」

３．ＳＮＳや報道を引用してほめる　例「ツイッターの投稿には心から共感しました」

気づかい
7

「無言」も時には思いやりになる

媚(こび)を売るな、「したたかさ」をまとえ

人間力
Level：★★

また会いたいと思われる人にはある共通点があります。

「媚びない」ことです。

媚びている人がいると、一見その場が盛り上がっているように見えて、じつはみんな心

の底では冷めていることが多いです。一方、愛嬌がある人は好かれます。媚びている人がいる空間に身を置くと、どこか嘘っぽくて、うすら寒いような居心地の悪さを感じます。

愛嬌と媚、どちらも相手に気分良くなってもらおうとする行為ですが、じつはまったく異なるものです。

△媚　＝自己中……自分の利益のための言動に見えて興ざめする
○愛嬌＝他者愛……自分も相手もみんながほっこりする

日本を代表する経営者の集まりで、ある人が「社長の危機対応や記者会見などの経営判断は本当に素晴らしかった」と、明らかに持ち上げていました。当の社長はただひと言。

「今日は、そんなに、私に気をつかわなくていいよ。みんなもしんどくなっちゃうし、気軽に食事を楽しみましょう」

これが、本音なんだなと思いました。

媚を売られると、気持ちが冷める。思ってもいない媚びた言葉に対して、相手にするのも疲れます。

「気をつかっています！」という本心が、ハッキリ伝わった時点で、相手をまったく気づかえていません。本当に相手のことを思うなら、どんな接し方をしたら良いかがおのずと見えてくるはずです。

媚を売られても、ニコニコしながらゆったり相手の話を聞く。私はこれができる人こそ、相手を思いやれる「真にしたたか」な人だと思います。相手を大切に思うがゆえに、多くを語らないのです。

あざとさも、「あなたのことを気にしているよ」というアピールが強いので、浅はかと受け止められてしまう恐れがあります。相手に媚は売らず、シーンに応じて適度な愛嬌を出せて、計算高い振る舞いは一切しない。これが、「真にしたたかな」振る舞いではないでしょうか。

●経営者はしたたかさを見抜くプロ

「真のしたたかさ」は、バレたら意味がありません。ただの「したたかな人」になってしまいます。

「したたかに」生きるなら、死ぬまで気づかれないくらいの強い覚悟を持ちましょう。

成功する経営者は、細かいニュアンスを感じとる能力に長けており、目の前の相手が「今後会うべき人」かどうかを即座に判断します。だからこそ自然に振る舞うように心がけます。

そのため、自分の功績や立場をやたらと言語化しません。

公式の場ではないところで、「私は、ソフトバンクの孫正義社長と昔、仕事をしたよ」「サイバーエージェントの藤田晋さんと仲が良いんだ」と言ってくる経営者がいたら、「この会社は大丈夫かな」と疑ってかかるべきでしょう。

数多くの経営者にお会いするなかで、地位の高い人ほど次のことを意識しています。

・多くを語らない。余計なこと（自慢話、過去の武勇伝）を言わない
・気をつかっていることを相手に気づかせない
・したたかであることを最後まで相手に気づかせない

たとえ優秀な人材でも「目ざとい・ずる賢い・抜け目ない」人にはポジションを与えない、とよく聞きます。結局、仕事ができても、出し抜かれるかもしれない、自分のためだけに仕事をしていると思われると、活躍の場所を与えてもらえないわけです。

媚を売ることや、軽率なあざとさは命取りになります。純粋に喜びを表現し、相手に対するリスペクトを忘れず心から応援するといった、自然な心を持てるかどうかが、成功者になるための絶対条件なのではないでしょうか。

予定が未定でも、アポイントの調整は最優先で

レスの早さは身を助ける

スピード力

Level：★★

私が一緒に仕事をしたい人の第一の条件は「返事（レス）が早い人」です。

あいさつの次に、返事の早さが大事。

これは、ビジネスパーソンであれば誰もが共感できること。名だたる経営者や実業家に聞いても、一様に同じ意見が返ってきます。

経営者の場合は、フェイスブックのメッセンジャーでのやり取りが多いです。遅くとも1〜2時間で返事が来るケースがほとんどです。

まだ予定が決められないケースでも、「社内確認が必要なので、少し待ってください」

のひと言のレスがとにかく早いです。

ただ、なんでも早ければいいわけではありません。

優先度が高いほうから、

1．スケジュール調整
2．請求（お金）関係
3．スケジュールが決まってからのやり取り

の順番で返事をしましょう。

以前、私が仕事に追われているとき、仕事で信頼しているクライアントから、こんなアドバイスをもらったことがあります。

「どれほどクオリティの高い仕事をしても、スケジュールの返事が遅いと、相手は冷めてしまうよ」

あなたと仕事をしたいと思って連絡しているのに、レスが遅いと、どんどん相手の気持ちが冷めてしまい、モチベーションも下がります。相手がスムーズに気持ち良く仕事を進められるように配慮するために、レスを早くする。

成功していく人は、みんなそれができているのです。

相手の熱を下げないのも、立派なビジネスマナーです。

そうは言っても、スケジュールがわからないから返事を保留してしまうといったことは、誰しも経験があるのではないでしょうか。

また、謙虚で相手のことを思いやる人ほど、断ることが申し訳なくて、何とかスケジュールをやり繰りできないかと、なかなか返事ができなくなってしまうこともあるでしょう。

先ほどのクライアントは、「ダメならダメで早く教えてくれたほうが、仕事を次に進められるので、いいんだよ」と教えてくれました。

保留なら保留で、「来週の月曜までお返事を待っていただけますか」とひと言添えて返事をすると、相手のストレスがなくなるというのです。

そのことを教えてもらって以来私は、どのようなケースでも「OK」「保留」「お断り」のいずれかを「即レス」しています。

相手からは「返事が早くて本当に助かります！」と感謝されるばかりか、仮に日程が合わなくても次につながり、長いお付き合いに発展したケースもあります。

相手の熱を冷めさせないことも、ビジネスではマナーの一環です。アポイントの即レスこそ、仕事のスピードを高め、結果を出すために欠かせない「第一歩」なのだと肝に銘じましょう。

1　ボリュームを合わせる

長文のメールには長文、短文のメールには短文で返す。

2　雑談の量を合わせる

ちょっとした雑談を入れてきたメールには、自分も雑談を入れて返す。

3　丁寧語のレベルを合わせる

言葉の丁寧さや、フランクさのレベル感を合わせて返す。

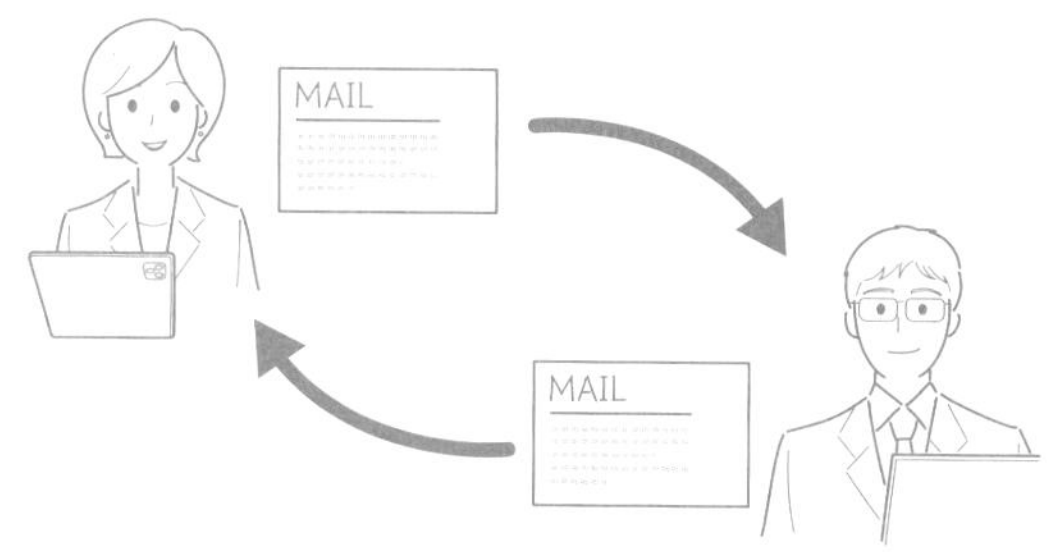

多くの人は、相手の「型」を意識してメールをやり取りすることはほとんどないかもしれません。しかし、相手にとって「馴染みのある文章」は安心感を抱くもの。メールのやり取りが心地良いと、相手から頻繁に連絡をくれるようになります。

誰でも簡単に相手の心をつかむテクニックですので、ぜひ今すぐ試してください。

メール、SNSの連絡は「〇〇を合わせる」

名刺交換をした相手には、その日のうちにお礼のメールを打ちます。会議後の電車の中や、タクシーの中でも構いません。

丁寧な文章は必要ありません。

「今日はありがとうございました。今後ともよろしくお願いいたします」といったシンプルな内容でOK。フェイスブックでつながっておけば、後々の仕事のフローを進めやすくなりますし、最低限のコミュニケーションで済みます。

メールを使うのは、具体的な話に進んでからです。

たとえば、契約書や資料などのやり取りはメールで行ないます。

その際に使えるテクニックとして、相手に気持ち良く仕事を進めてもらうために、相手と同じ形式のメールを返してみましょう。

●烏骨鶏本舗

烏骨鶏極バウムクーヘン

岐阜県大垣市の名産、約10日に1度しか生まれない烏骨鶏卵を3つ使った贅沢なスイーツ。

●Fortnum & Mason
（フォートナム & メイソン）

クッキー&紅茶

英国王室御用達のブランド。紅茶、焼き菓子どれも品格があり、間違いない手土産です。

●release EBISU

オーガニックチョコレート

着色料不使用、白砂糖・添加物不使用のオーガニックチョコレート。箱を開くと、色鮮やかな花ビラ形チョコレートがぎっしり。

●MARIAGE FRÈRES
（マリアージュフレール）

紅茶

パリ創業のフランス流紅茶専門店。「紅茶でゆっくり休んでください」といただいた一品。香りが良く、好みを選ばないプレゼント。

●DALLOYAU JAPON
（ダロワイヨジャポン）

マカロン・焼き菓子

フランス、ルイ 14 世の時代から今日に至るまで、多くの人たちに愛され続けてきた老舗。私が白い猫を飼っていることから、PAUL & JOE のデザイナー・ソフィーの愛猫がデザインされた可愛らしい一品をいただきました。

●志満秀

クアトロえびチーズ

IT トレンド EXPO 登壇のお土産にいただきました。4 種のチーズソースをサクサクの海老煎餅でサンドしたまるでマカロンのような絶品和スイーツです。いつでも手土産にできるように自宅にストックしています。

●THOM BROWNE
（トム・ブラウン）

チョコレート

なんとトムブラウンからチョコレートが出ています。ブランドの世界観がチョコレートでも表現されていて、可愛くてオシャレです。

「新潟のお米が使われている」「サミットで振る舞われた」といったストーリーを添えて手土産を渡すと、相手との距離感もぐっと縮まりますよ。

永久保存版！ 厳選手土産リスト

気づかいのできる人は、手土産も超一流。ここでご紹介する手土産リストでは、私が信頼を寄せる方々から実際にいただき、「美味しい！」「品格がある」「安心して手土産にできる」と思ったものをまとめました。「ここぞ」というときに私はこのリストから手土産を選びます。

●八芳園 kiki －季季－
和のチョコレート

日本各地の食材を使った、四季を味わえるチョコレート。ラジオ NIKKEI の岸田恵美子さんからいただきました。2022 年のバイデン大統領訪日の際の夕食会で供されたものだとか。

●MAISON CACAO
生チョコクッキー

手土産に詳しい荒井沙織アナウンサーより。ANA の国内線プレミアムクラスでも提供され、濃厚なチョコレートの味がたまりません。

●FRANCK MULLER
焼き菓子

言わずと知れた腕時計ブランドの焼き菓子。シックなパッケージが素敵で贅沢な気分になれる手土産です。

●つくだに天安
つくだ煮

株式評論家の坂本慎太郎さんが絶賛されるつくだ煮で、大切な方への贈り物に愛用されているとか。折り箱入りの格式高い一品。

●球磨川アーティザンズ
はちみつ・ピューレ

肥後銀行の基調講演でお伺いした際にいただきました。“日本の食品” 輸出EXPOへ出展しているブランド。はちみつ入り栗バターが絶品。

●NUMBER SUGAR
クラシックキャラメル

表参道などにある手作りキャラメル専門店。種類ごとにナンバリングされたキャラメルは No. ごとに味が異なります。

●ガトーショコラ専門店「fam」
ガトーショコラ

経済評論家の山崎元さんに「お仕事の合間にどうぞ」といただいた思い出深い一品。濃厚なガトーショコラ。

Mental

第3章

鋼のハートは不要！
「不安」と上手に付き合い
ビジネスに活かす
メンタル・ハック

毎日、時間に追われすぎて疲れていませんか?

・目の前の仕事を1つずつ完了させながらも、この先も延々と続くタスクの山に対して不安を覚えながら生きている。

・スケジュールを立てても、そのうちに業務が積み上がってしまい、「自分の要領の悪さ」にどんよりとした気持ちになる。

・忙しさのあまり仕事を先送りにした結果、各方面に迷惑をかけてしまい、気疲れする。

こうした声をよく聞きます。

時間の効率化は、とても重要です。しかし、効率化をゴールにしてしまい、「今を生きること」ができていない人が多いのではないでしょうか。

せっかく仕事をするなら、楽しくやりたいもの。

そこで伝えたいのが、「時間」と「他人」の支配から解放されるメンタル・ハックです。

メンタル術
❶

時間と他人の「奴隷」にならないたった1つの方法

社長でさえも制約がある

スピード力

Level：★

仕事は締切や期限に追われるとしんどくなります。

自主性に欠ける「やらされ感」のある仕事は、まるで奴隷の強制労働そのもの。奴隷にならなければ、落ち込まずに済みます。

ただ、現実的には、締切という時間の制約からは逃げられません。

ビジネスパーソンである限り、社長、上司、クライアント、得意先など、誰かしらの「コントロール下（支配下）」に置かれるからです。

組織のトップである社長でさえも時間の制約はありますし、社会で生きていくうえで、世の中からの評価や、組織人としてコンプライアンスのもとに行動しなければなりません。
どんな立場の人でも、「時間」と「他人」の支配下に置かれています。そんななかでも、自分の持ち場で自主性を保つには、

時間をコントロールしようとしないこと。

時間をコントロールしようと思えば、時間に支配されてしまう。時間の扱いは難しいからこそ、「時間と戦わない」ように意識を向けるのが大切です。時間を手なずける日など、一生こないと思ったほうがいいでしょう。

●落ち込むのは「コスパ」が悪い

私は、年間200回以上の講演、メディア出演200本以上、執筆や連載は300本

近くをこなし、さらに年間１５０社の企業取材を自分のＫＰＩ（重要業績評価指標）に設定しています。

そんな私でも、毎日18時間働く生活を何年も続けているなかで、いよいよ自分のキャパの限界を感じたときがありました。

「ああ、このまま締切に追われ続けながら寿命がきて死んでいくんだろうな」と思ったことも一度や二度ではありません。それぐらい追い詰められていました。

ビジネスでパフォーマンスを高めるために、効率にこだわり、いろいろなことをしてきました。行きついた１つの答えが、

「コスパの悪い働き方をしている」と意識しないことです。

断言します。

時間をうまく使おうと思っている限り、時間から自由になれる日は永遠にやってきません。

あなたにとって、大切な仲間は誰か？
あなたにとって、一緒に仕事をしたい人は誰か？
あなたが、絶対に守りたいものは何か？

そう自分に問いかけることで、自分にとってほんとうに大事なものがわかり、その大事なものに時間をかけるように意識を向けることができます。

誰の奴隷にもならないこと。

「この仕事をしたいから、しているんだ」と思える強いモチベーションが必要なのです。

メンタル術
②

失敗したら、「チャンス到来！」全力で喜ぼう！

負のエネルギーに「レバレッジ」をかけて飛躍する

自分の下した判断で周りに迷惑をかけてしまうと、罪悪感を抱くもの。
でも、自分のやったことに自信があり、自分は間違っていないと覚悟を決めて判断した結果の失敗であれば、ショックは受けないですよね。

こう考えてみましょう。
ショックを受けている状態は、自分に非があることを認めている証拠。これまで自分のダメなところをわかっていながら直せないままにいた。その「自分の悪いところ」に目を向けて改善するいい機会が巡ってきたと捉えるのです。

つまり落ち込んだときは、大成長のチャンス到来！　大いに喜んでください。

「反省」はグーグルカレンダーに書き込む

もちろん、人に迷惑をかけたら「申し訳ございません」と謝罪に回るなどのことはしますが、そのときに言い訳をしたり、仲間に愚痴を吐いてはいけません。愚痴を口にしてしまえばその時点で満足して終わってしまいます。

そこで負のエネルギーを何倍にも高めて、レバレッジをかけるのです。

負のエネルギーはどんなときでも、あなたの生活を脅(おびや)かしてきます。生きている限り、こうしたものと関係なく過ごすことは難しいです。であるならば、自分の中でプラスのエネルギーに変換すべきなのです。

私はショックを受けたら個室にこもり、そのときに感じた「反省」をメモで残します。

メモと言っても手帳ではありません。

グーグルカレンダーに、1ヵ月ごとに、反省の意味も込めてメモを記入します（スケジュールの最上部に帯表示されるようにする）。

大きな失敗をしたとき以外にも、「少し気が抜けている」と思ったら、自分に活をいれるつもりで「どの現場も全力投球・プロの仕事をする」とメモします。

反省文の色は目立つ「赤」。グーグルカレンダーなら毎日目にしますので、否が応でも自己反省しながら、仕事に向き合えます。

左ページを参考に、皆さんも真似してみてください。

■目につく場所に「反省文」を書く

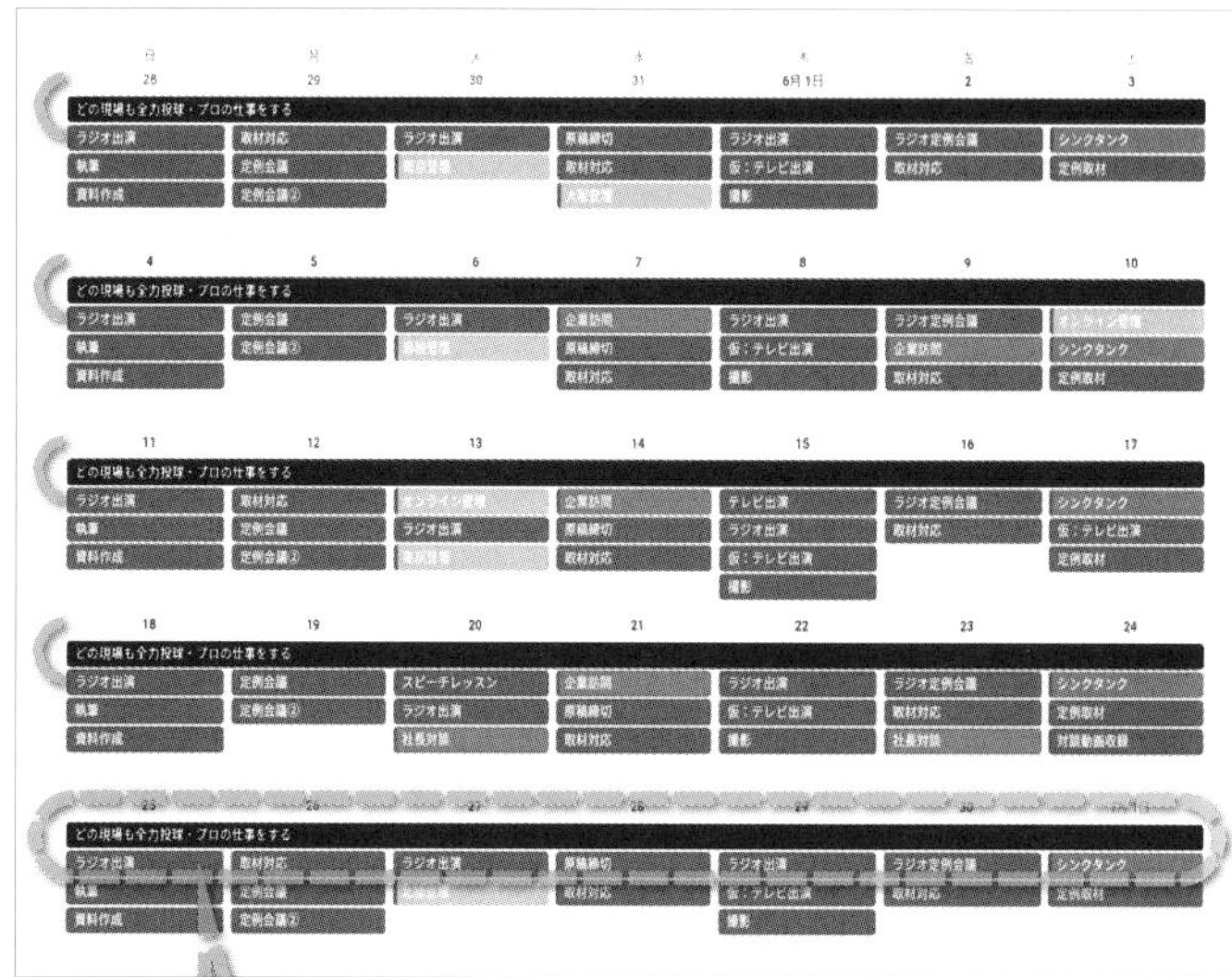

出所：著者のグーグルカレンダー

★帯で入力する

どの現場も全力投球・プロの仕事をする

プレスリリースで誤字のまま配信した大チョンボをやらかしたときには、「プレスリリースは念には念を入れて確認せよ。誤字は会社の信頼を落とす」という反省文をメモしました。

メンタル術 ③

モチベーションの3要素「容姿、不安、承認欲求」

コンプレックスのタイプを自覚している人は強い

ワンモア・ポイント

LINEに「あなただけの格言」を

　私は、LINEを使って自分宛に毎日、気になった記事をポンポン投げ込んでいます。備忘録を兼ねて「Keepメモ」という機能に、人生の格言として「ビジネスは先に怒った方が負け!」というメッセージを固定しています（画像参照）。スマホのアプリや、パソコンなど毎日アクセスするツールのどこかに目立つように「格言」を記しておくと、失敗を忘れませんし、失敗を未然に防げます。

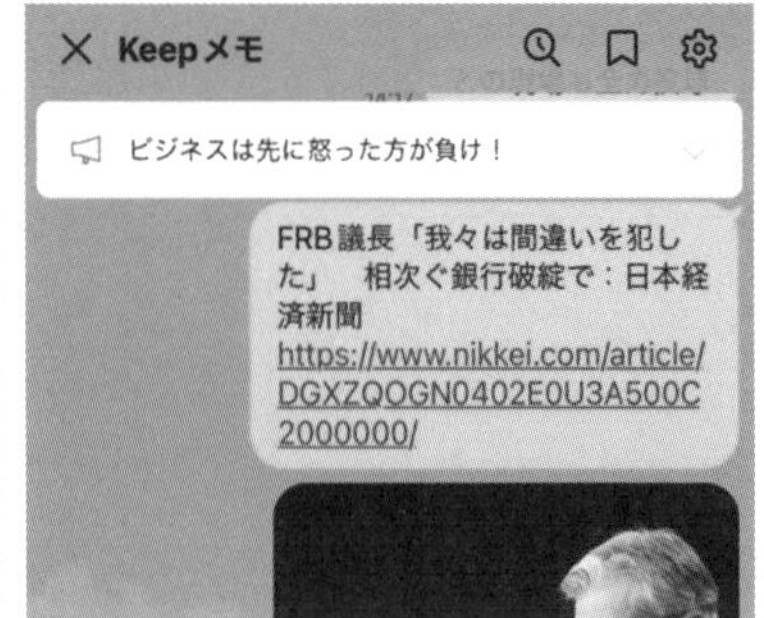

成功している経営者は、人よりも強いコンプレックスを感じているケースが多いです。

周りから見たら、コンプレックスなどあるように感じられない非の打ち所がないような人でも、自身では学歴、容姿、収入などに対して強いコンプレックスを抱いていたりするのです。

20代のアナリスト時代、ある尊敬している経営者に教えてもらったことがあります。

「経営者と出会ったら、その人のコンプレックスが何かを考えてみるといいよ。何かしらの強いコンプレックスがある経営者は、事業をやり抜く力がある人だ。つまり、その人は信頼できる」

コンプレックスに火が付くと、尋常ではないエネルギーがどんどん溢れ出る。しかもそのエネルギーは枯渇を知らない。そういった経営者はどんどん事業を成功させています。

ひと目見ただけではわかりにくいですが、インタビューで深く掘り下げて話を聞いていくと伝わってくるものがあります。

●コンプレックスはやる気を上回る

コンプレックスにはさまざまな種類があります。

- ・「容姿」にコンプレックスを持っているケース
- ・思考回路が常人とはかけ離れていて、心が「不安」で覆われているケース
- ・圧倒的な「承認欲求」を持ち、承認を周りに求めるケース

なかでも圧倒的なパワーを持つのは、3つめの「承認欲求」です。

ビジネスの成功は、売上高、利益、時価総額、従業員数など数字ではっきりと可視化できます。承認欲求が強い人にとってビジネスは相性が良く、仮に売上目標や利益目標が満たされたとしても、人望、社会的価値、社会貢献的な側面などに欲望の的(まと)が移っていきます。

意外かもしれませんが、2つめの「不安症」の経営者も成功している人が多いようです。

「不安症」の経営者はとにかくリスクを避けます。

経営陣が浮かれて暴走しそうなときにも、歯止めの役割を果たしたりもします。こうい

う人が経営陣にいる組織は大崩れをしません。

コンプレックスからくる原動力は人間の根底にある「渇望」のようなもの。一時的なやる気とはまったく異なります。

機嫌やノリで仕事をしているような人は、何かをやり遂げることは絶対にできません。

コンプレックスに裏打ちされた原動力には人は逆らえないし、やり切るエネルギーがあるので、圧倒的に他の動機より突き抜けた結果を残せるのです。

「自分にはこれといったコンプレックスはない……」という人もいるかもしれませんが、安心してください。

成功した経営者だけに限らず、どんな人にも、〝マグマ〟のように根底にまだ使い切っていないエネルギーが眠っています。「スイッチ」の場所を知れば能力が発揮できます。

「子供っぽいと言われる」「いつも挙動不審に見られる」「何を言っているかわからないと言われる」……。

自分の「やる気スイッチ」のボタンがどこにあるか、探してみてください。痛いところを突かれる気持ちになりますが、思ってもいなかった底力が発揮されるものです。

コンプレックスは、自分のエネルギーを解放する武器になります。自分が何に弱みを感じていて、どうしたらエネルギーが溢れるスイッチが入るのかを知ること。それが、ビジネスの現場で生き抜くうえで優位に働きます。

MARIKO's Voice

column

「女性だから」のひと言が成長の原動力に

ここで少しだけ、20代のころの話をさせてください。

若かった私を成長させたものは、「女性であることを売りにしたらいいよ」「女性だから注目されるよ」と助言した目上の人たちの言葉でした。

よかれと思ってそう言ってくれていたのでしょう。侮辱されたわけではないにもかかわらず、未熟な私は深く落ち込みました。女性であることや見た目のことを言われて、アナリストのプロとして認められていないんだな、と率直に思ったからです。

そうはいっても、言われたままでは終われません。そうした「アドバイス」を受けるたびに、私は何をしたか。

猛烈に、気が狂ったように、勉強しました。

専門性を高めなければ、胸の中のモヤモヤが解消されなかったからです。

専門性を評価されず、性別や外見に関わる言葉を浴びせられるたびに、私はショックな気持ちをエネルギーに変換して、勉強に注ぎこんできました。

しんどくて今日は早く寝たいと思う日も、勉強が面倒に感じる日も、自分に浴びせられたショックな言葉を思い出すと、メラメラとやる気が出てきます。

MARIKO's Voice

口外こそしませんが、「何年前に、誰に、何を言われたか」、今でもはっきり思い出せます。その苦い経験が自分のモチベーションにつながり、努力の手を止めない原動力になっています。今となっては感謝しているくらいです。

相手が自分を「専門家」として認めず「女性扱い」をしたことに対して、「そんな扱いはやめてほしい!」と騒いだところで、本質的には何も変わらない。不満だったら、自分が変わるしかない。そう考え方を変えたのです。

ショックは矢のように、自分の弱点を突いてきます。
だから、いいのです。

負の力を、圧倒的なプラスのエネルギーに変換する。これが、メンタル成長の近道です。

column

メンタル術
❹

サッカー選手に学ぶ「10秒で緊張が消える方法」

「きっと大丈夫」は逆効果!?

緊張で失敗した経験は何度も頭の中でフラッシュバックして、また同じような場面で緊張します。こうした負のサイクルを抜け出すのはなかなか難しいです。

「緊張するな」「きっと大丈夫だ」と暗示をかけたところで、気休めにしかなりません。

そこで私が実践する、誰でも簡単に緊張を断ち切れる方法をお教えしましょう。

基調講演やテレビ・ラジオの出演などの現場を数多く経験してきた私でさえも、緊張が表に出ると、手と足と声が震えます。この震えが焦りに変わり、頭が真っ白になって言いたいことが言えなくなったり、時には泣き出してしまいたくなります。

それならば、「震え」を起こさないようにすればいいのです。

やり方は簡単。緊張するシーンの前に、手足をぶるぶる震わせるだけです。サッカー選手がスタジアムに入場する前に手足を震わせている「アレ」です。

嘘だと思うなら、大事なプレゼンの前などにやってみてください。これを本番前にしておくだけで、緊張がゆるんで、大勢の前に立っても手や足が震えません。「アー、アー」と喉も一緒に、震わせておくと声の震えもなくなります。

話すことを、どんなに練習して準備をしても、緊張だけはコントロールできなかった私が、まったく緊張しなくなった、とっておきの秘策です。

■緊張したら、手足をぶらぶら

メンタル術
❺

「最悪のシナリオ」を想定しておく

年初に「行動計画」を立てる

マネー力
Level：★★★

周りが結果を出していると、「何か行動をしなければ……」と焦ってきます。

そんなときも、相手と比べるのではなく、自分なりの「基準」に従って判断するようにしましょう。

私は、年初に日経平均の相場について「強気」「中間」「弱気」の3つのシナリオを作成しています（135ページ「ワンモア・ポイント」参照）。

これを応用して、年間の「行動計画シナリオ」を立てるのです。

ステップ1　目標を設定する

まず、1年後までに成し遂げたいことを133ページのグラフ（下）の見出しに書き込みます。「100億円の売り上げを達成する」など、できるだけハードルが高い目標を掲げましょう。「企画書を30本通す」「1000人の経営者と会う」といった個人的な目標を設定するのもOKですが、目標は必ず数値化することを忘れずに。

ステップ2　ターニングポイントを書き込む

次に「メディアで商品が紹介される」「見本市に参加する」「オリンピック需要」など上り調子になりそうな「ポジティブ要素」を書き込みます。逆に起こってほしくはないが想定される「ネガティブ要素」も書き込みます。

たとえば、「災害が起きる」「交通事故に遭う」といったことです。時期が限定できない場合は、ひとまず6〜7月に設定しましょう。万が一、起きたときのリカバリー策を検討できるからです。

ステップ3　「3つのシナリオ」をつくる

ステップ2で書き込んだターニングポイントに照らして、次の3つのシナリオを折れ線

■事例）「1億円の売り上げ達成」3つのシナリオ

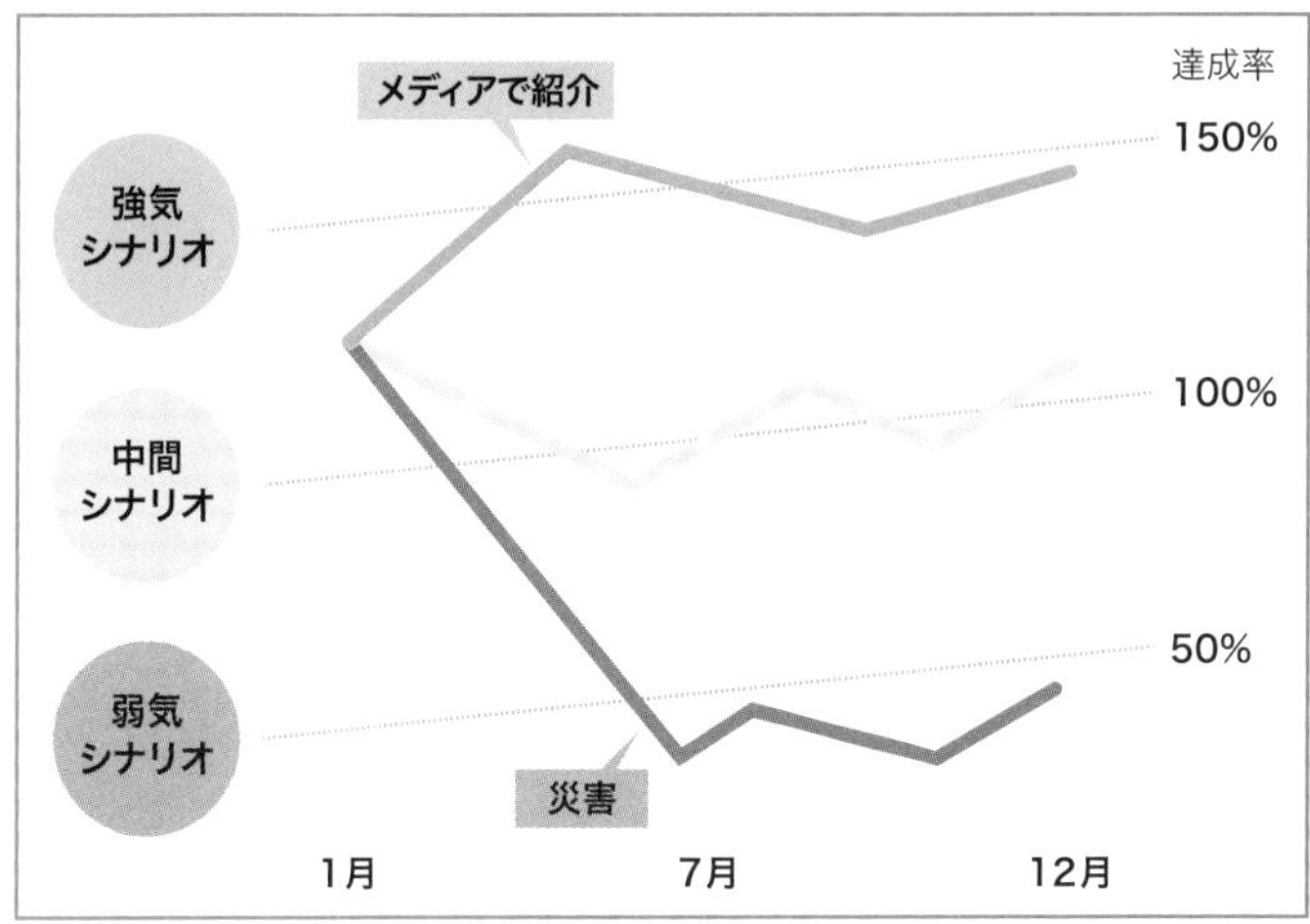

■実践）「　　　　　　　　　　　　　　　　　　　　」を達成する！

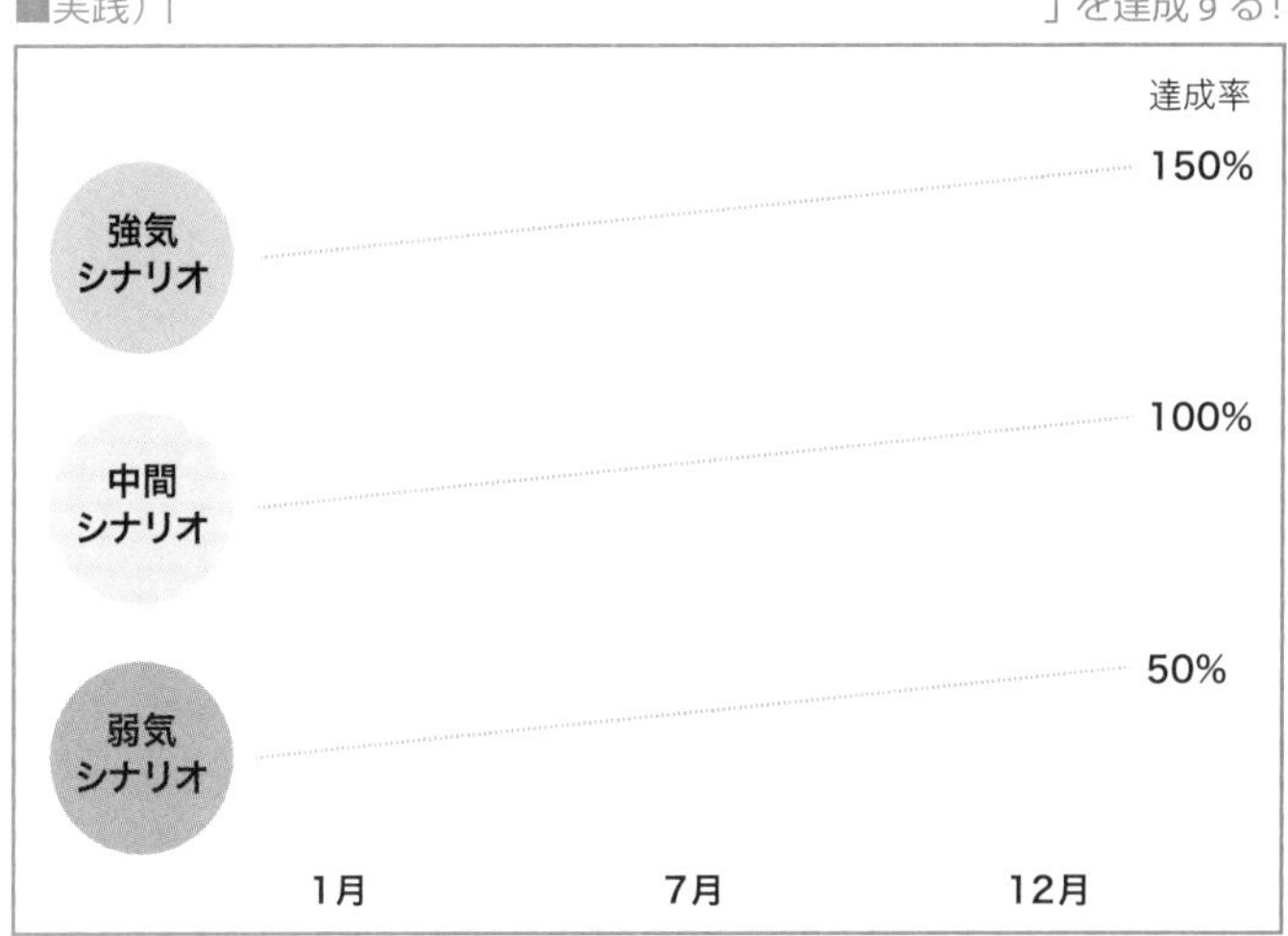

出所：一般社団法人　日本金融経済研究所

グラフで表します。

強気シナリオ……「ネガティブ要素」がまったく起こらず、「ポジティブ要素」による効果が最大化したケース。仮に現実となったら、目標を大きく上回るシナリオです。目標達成率に換算すると150％くらいでしょうか。

中間シナリオ……「ポジティブ要素」による効果がそこそこ浮上のきっかけになるケース。あるいは「ネガティブ要素」による被害が最小限に食い止められるケース。紆余曲折（うよきょくせつ）はあれど、目標達成率100％に限りなく近いシナリオです。

弱気シナリオ……「ポジティブ要素」による効果が不発に終わるケース。あるいは、「ネガティブ要素」による被害が甚大なケース。起こる可能性は限りなく低いものの、このシナリオの場合、残念ながら目標を大きく下回ることになります。目標達成率は50％以下。

こうしたシナリオを事前に複数つくっておくと、現時点の自分の立ち位置がわかりますし、万が一の非常時でも冷静に判断して、次善の策を練ることができます。

このシナリオは1年間使い続けたら、また新たにシナリオを作成します。

POINT
ワンモア・ポイント

厳しい相場のときに真価が発揮される「俯瞰力」

■日経平均3つのシナリオ

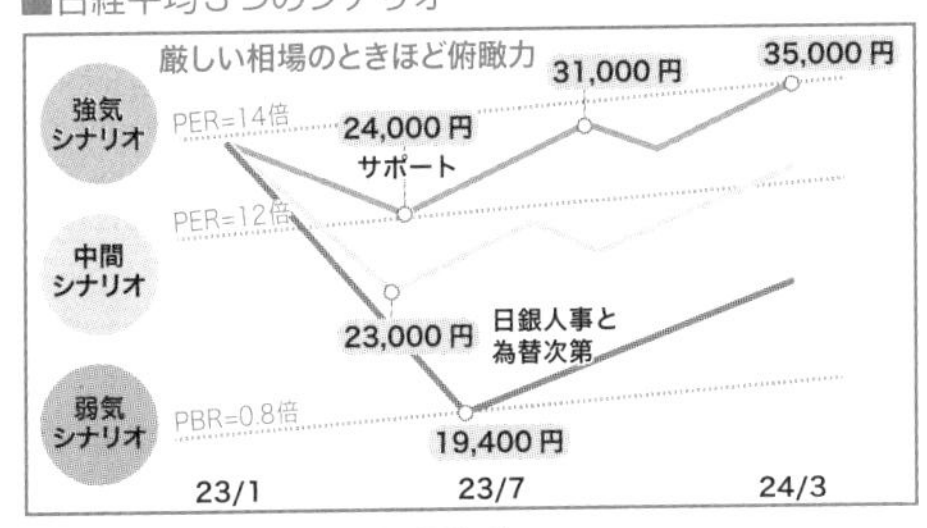

出所：一般社団法人　日本金融経済研究所

不安を煽(あお)る話題やニュースが続くと、大抵の投資家は冷静な判断ができなくなるもの。

しかし、しっかりと基本や経済の構造を理解したうえで、「リスクシナリオ」を頭に描いていれば、不穏な雰囲気に呑まれなくなります。

参考までに、2023年初めに私が立てた「日経平均3つのシナリオ」を紹介します。

本書を執筆している2023年3月時点、米シリコンバレー銀行の破綻、クレディ・スイスの経営危機などで株式市場がかなり荒れていました。

それでも、年初に立てた3つのシナリオのおかげで、メンタルを冷静に保つことができました。

▼

シナリオを立てた当初は経済危機を予測できませんでしたが、「強気シナリオ」では、1年間の日経平均の底値は2万4000円水準と予想を出しました。金融危機が騒がれていた2023年3月時点でも、日経平均は底値で2万6000円水準です。多くの個人投資家の表情には悲壮感が漂っていましたが、シナリオをしっかりと出していると、「心配するのは2万4000円を割れてからだな」と明確な基準に基づき冷静に現況を見つめることができます。

「中間シナリオ」は、2万4000円を割り込んだときの下落の想定水準です。為替(かわせ)が115～110円などの円高に推移した場合は、日経平均も無傷ではいられません。そのときのシナリオも考えておきます。

最後に「弱気シナリオ」です。これは、リーマン・ショックやコロナ・ショックのような世界的な経済危機が起きた場合、どれくらいまで日経平均が下がるのかを「平常時」に想定したもの。日経平均がPBR（株価純資産倍率）0.8倍まで下がったら、最悪のケースです（ちなみにリーマン・ショックやコロナ・ショックでも日経平均はPBR0.8倍台で下げ止まりました)。

銀行破綻からの金融システム不安から、2023年の3月中旬から報道は悲壮感が漂うものでした。しかし、冷静に相場を見れば日経平均は固いと言われている水準を割り込んだわけではありません。

メンタル術 ❻

仕事のデキる人は取り入れている「水と肉」

食生活とビジネスの意外な関係性

仕事ができる人に共通するのは、自分の身体にも気をつかっていること。「身体が資本」だとわかっているのです。

とくに私が重視するのは「体温」です。身体を冷やさないために必要なのは、主に水分とタンパク質。健康の基本ですが、どちらも自分に投資するつもりで積極的に摂取したいものです。

私が効果を実感している「食生活メソッド」を紹介しましょう。

1．アルカリイオン水を飲んで、身体を「中性化」する

「水分」は多めにとります。

水に含まれるミネラルや水素は食事で補えるので、とくにこだわりません。

ポイントはpH（ピーエイチまたはペーハー）です。pHは水素イオンの濃度のことで、7を中性とし、7より小さいと酸性、大きいとアルカリ性になります。

私は、pH9・7のアルカリイオン水を1日2～3リットル飲みます。自宅でラテを作るとき、プロテインを飲むときにも使っています。仕事でもつねに持ち歩いていますし、ホットヨガにも持ち込みます。

一般的なミネラルウォーターはpH7～8程度ですが、それよりもアルカリ性の強い水のほうがさらさらしていて、私の場合は飲みやすい。朝起きて最初に口にするとその日の体調がとても良いです。

アルカリイオン水を愛用するトップ経営者は少なくありません。きっと日々のストレスなどで身体が酸化しているのでしょう。

「酸性」の反対は「アルカリ性」です（小学校のときのリトマス試験紙の実験を思い出し

てください)。体が「酸性」に傾くと、免疫力が低下して、さまざまな病気を引き起こすこともあると言われます。

そこでアルカリイオン水を飲んで、身体を「中性」に戻すのです。人も身体も中庸、「中央値」が最も心地良いのです。「自然体で生きる姿」にもつながる大事な考え方です。

2．丼物より魚、肉メインのメニューを選ぶ

「タンパク質」も多く摂取しましょう。

20代のころに肉と米をまったく食べない偏った生活を送った結果、心身に支障をきたして入院してしまいました。手足は冷たく、身体がだるいにもかかわらず汗が出続ける。自律神経失調症を引き起こしていたのです。

けれど治療を兼ねて、タンパク質を摂取するようにしたところ、身体の調子がみるみる戻っていきました。現在は肉や魚だけでなくプロテインドリンクを1日2、3回飲み、つねに手足がポカポカな状態を保っています。

外食時も、パスタやパン、丼物よりも、肉や魚がメインの食事を心がけています。最近ではコンビニやウーバーイーツなどでも、タンパク質が多く含まれたメニューが手に入りやすくなったので便利になりましたね。

白湯のすごい効用

身体を温め、血液の流れを良くする働きがある白湯（さゆ）を毎朝飲む経営者はとても多いです。

心身ともにダメージを受けてきた私にとって、白湯はまさに「命の水」。体調を崩してスケジュールに穴を開けるわけにはいかないので、免疫力を高める効果があると言われる白湯を積極的に飲むようにしています。

私の場合、夜寝る前にアルカリイオン水の白湯を飲むとお腹が温まって、ぐっすりと眠れます。

「疲れたときは白湯」を忘れないでください。

メンタル術 ７

疲れたら真っ先にほぐす2つの部位「腸腰筋」「脊柱起立筋」

疲労回復のために運動をする

食事とともに気をつかってほしいのが「運動」です。

ビジネスでクオリティの高いパフォーマンスを発揮するためにも、運動は効果絶大。

私の周りのモンスター級に働く経営者やビジネスパーソンは、ジョギング、キックボクシング、パーソナルトレーニングなど何らかの運動を日常に取り入れています。

「仕事で疲れていても、運動をすると元気になるんだよ」「しんどいんだけど、重い腰を上げてジムに行って汗をかくと身体がラクになる」といった経営者の言葉の奥には、「トレーニングは資本である身体を守るため」という明確な理由があります。

経営者の場合は、自分が倒れるわけにはいかない、自分が健康でなければ会社を守れないといった思いから健康意識が非常に高く、最近だと再生医療など最先端の医療技術を取り入れている方も徐々に増えています。

つまり、健康を維持することも大事な仕事の1つなのです。ビジネスパーソンにとっての運動は身体を鍛えることが目的ではなく、「疲れを取るために行なうもの」と意識を変えましょう。

「時間と戦わない時間」を意識的につくる

運動の種類は、自分に合うものでＯＫ。好きでもないのにフルマラソンをしたり、ハードな筋トレをする必要はありません。私が長年、持病や体調不良と向き合いながら仕事を続けられているのは、自分に合ったメンテナンス方法を知っているからです。

身体に負荷が大きい有酸素運動に併せて、おすすめなのがヨガやストレッチです。

ヨガは緊張をほぐしながら、自分を見つめ直す「瞑想」の時間にもなります。

完全にリセットしたいときは、ホットヨガのレッスンを2レッスン続けて受けると決めています。スタジオ入りから出るまでの約3時間はあらゆる電波を遮断できます。薄暗い空間で呼吸を整えて、筋肉をほぐすと本来の自分に戻っていく感覚があります。

速い速い時間の流れから距離を置くことで、ビジネス上で大切な人たちの顔が浮かんでくることがあります。その大切な人たちに対して、どんなことであれば役に立てるか、どんなことをすれば喜んでもらえるか。ホットヨガで考える時間は楽しいものです。

命に限りがあることは誰もが知っていますが、日々の慌ただしい時間の流れに身を任せていると、何が大切だったのか、忙しさのなかでつい忘れがちになります。そんな時間尺度のなかで、やるべきことを見つけるのは難しいかもしれません。

そんなときに心がけたいのが、時間をコントロールしない、時間と戦わないことです。ヨガでなくてもサウナなどでもいいでしょう。スマホやパソコンから離れてじっくり自分と対話する時間を意識的につくることが、現代人には必要なのです。

●パソコン仕事の「凝り」をほぐす

次に挙げるのは、自宅や職場でも実践できるストレッチ法です。自分に合うものだけを気軽に取り入れてみてください。

体がスッキリ

パソコン作業の多い人は1時間に1回「太もも」をほぐす

座り仕事や立ち仕事が長いと「腸腰筋（ちょうようきん）」が凝り固まります。

腸腰筋は1つの筋肉ではなく、大腰筋（だいようきん）・小腰筋（しょうようきん）・腸骨筋（ちょうこつきん）の3つの筋肉の総称です。骨盤の内側、太もも の付け根の内側に付着するように通っている、いわゆるインナーマッスル（深層筋）です。ここをほぐすことで血流が良くなり、むくみやだるさが取れます。

腸腰筋が衰えると姿勢を維持する力が弱くなり、身体のバランスが崩れて姿勢が乱れます。猫背になり、お尻が垂れて下腹がポッコリ出るような姿勢になるのはこのためです。ひどくなると、ぎっくり腰や腰痛など身体のあちこちに支障が出てきます。

■腸腰筋

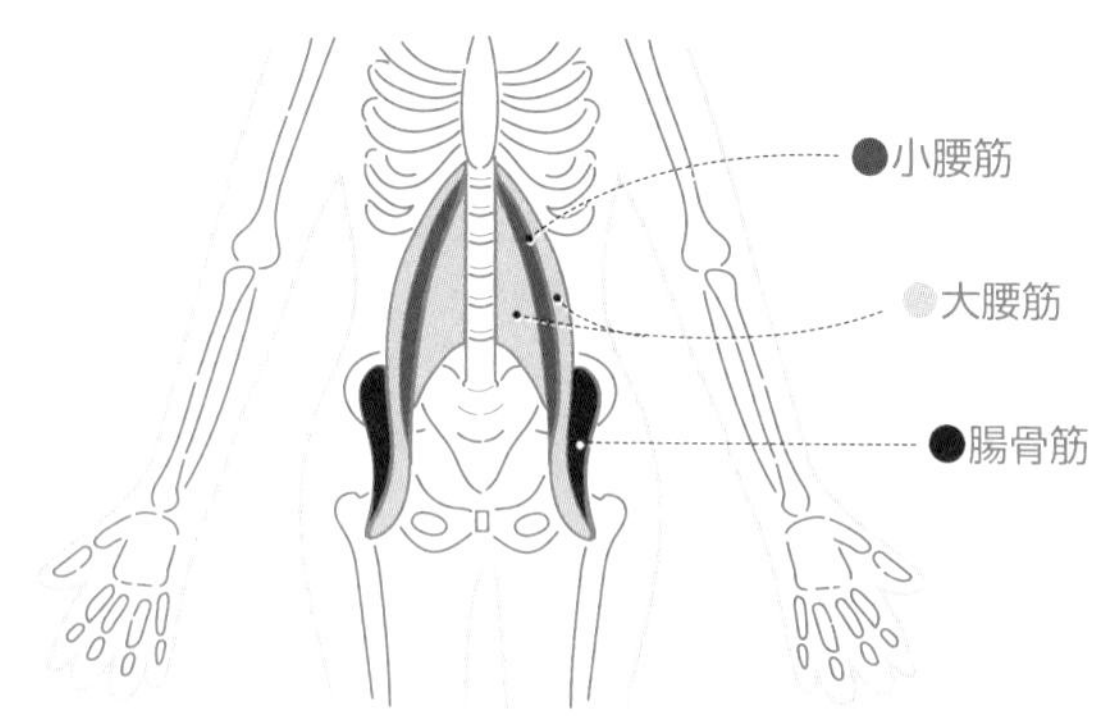

さらに気を付けたいのは、姿勢が悪いとメンタルが後ろ向きになる、ということです。椅子に座ったまま行なえるストレッチを紹介しますので、できたら1時間に1回行なってみてください。太ももをほぐすことで、腰痛とメンタルの改善につながります。ただし、痛みが生じた場合はただちに中止し、医師に相談することをおすすめします。

チャレンジ！　**★椅子に座ったままできるストレッチ法**

1. 椅子に座り、背中を伸ばします。
2. 足を肩幅に広げ、膝を曲げます。両手を使って左足の膝を持ち上げ、抱え込みます。
3. 右手で左足のかかとをつかみ、左手で左膝を外側に向かって押さえます。足首から膝までの筋肉を伸ばすようにして、15秒間キープし、左足を下ろします。反対側も同様に行ないます。

脳がスッキリ 「3分間のゴロゴロ」で自律神経を守る

「脊柱(せきちゅう)起立筋」はメンタルの要(かなめ)。ここが凝り固まると、自律神経失調症だけでなく重いうつ病を発症しかねません。

頭蓋骨の下から背骨の両脇を通り、骨盤まで続く脊柱起立筋は、最も大きく、かつ長い部位で、人間の中心を支えている重要な筋肉です。ここが凝り固まると、脳へ血液がうまく流れなくなり、とにかくマイナス思考になります。

脊柱起立筋は肩こりのように凝っている感覚を抱きにくいのがやっかいなところ。ストレスや緊張下に置かれていると、知らず知らずのうちにダメージを受けています。

■脊柱起立筋

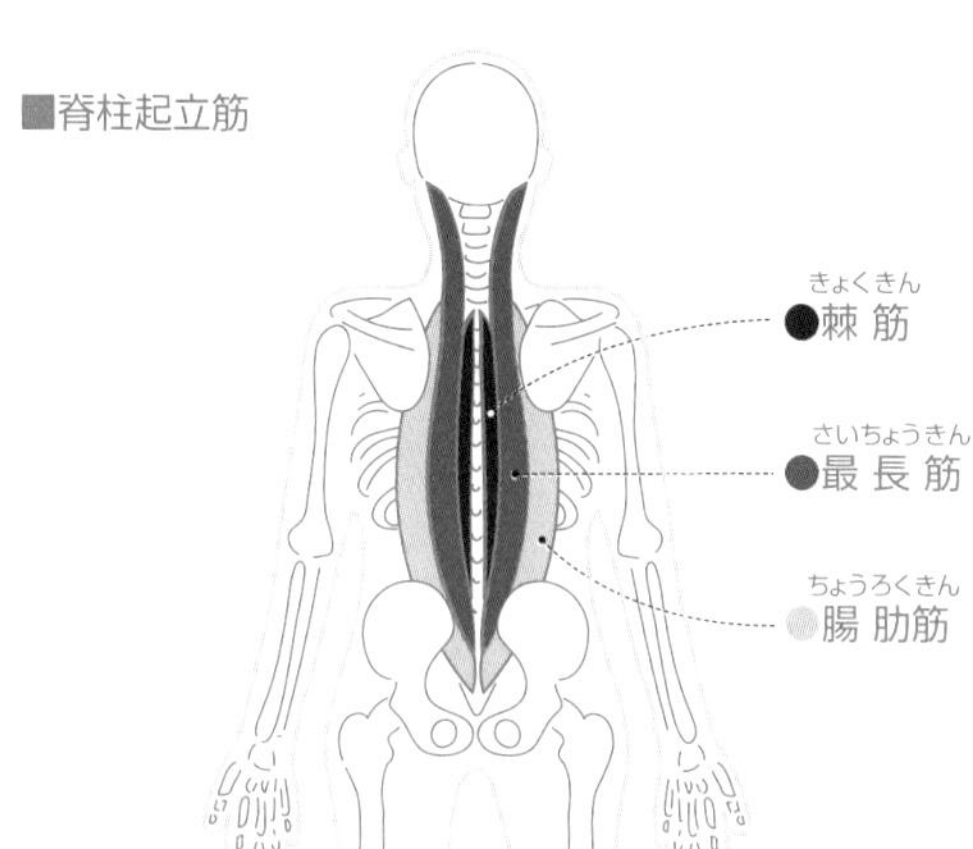

そこで「フォームローラー」など筒状の器具の上に背中を乗せてゴロゴロさせ、脊柱起

立筋をほぐしましょう。疲れ果てた思考に生命が宿り、やる気に満ち溢れてきます。
自宅で長時間パソコン作業が続いたときには、2、3分間だけ背中をゴロゴロさせてほぐすだけでも十分リラックス効果が見込めますよ。

ワンモア・ポイント

ケース別 カンタンストレッチ法

●やる気を出したい、リラックスしたいとき

背中や腕の筋肉、ふくらはぎの側面をフォームローラーなどでほぐすとリラックスします。

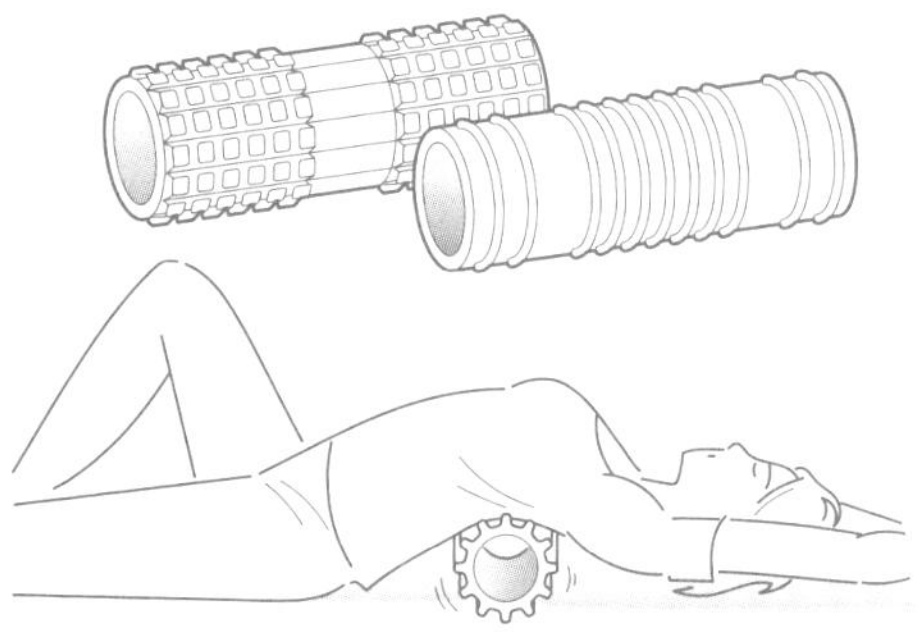

●だるさを取りたい

足裏にはたくさんのツボがあります。椅子に座ってゴルフボールを足裏でゴロゴロ踏みつけると、少し痛いですが、身体全体がスッキリします。

●睡眠の質を高めたい

足の「甲」を寝る前にモミモミすると、副交感神経が働いて眠くなります。段違いの眠気が襲ってくるので、寝る前がおすすめです。

メンタル術 ⑧

「ザ・趣味」よりも仕事の中に〝推し〟を見つける

お気に入りのモノにワクワクしますか？

「趣味は何ですか？」

たいした趣味が浮かばず、答えに困る人は意外と多いのではないでしょうか？

「趣味がないなんて、つまらないね」「仕事のやりすぎなんじゃない？」なんて言われて、やり取り自体が苦痛に感じることも。

でも、キャンプやゴルフなど趣味らしい趣味、〝ザ・趣味〟が見つからない人だっています。私がまさにそうです。

働き盛りのビジネスパーソンなら、趣味に興じている時間が惜しいでしょう。趣味がないと、会話のネタに困るので、趣味を持たなければ……と自分を追い詰めがちな人は、一度、〝ザ・趣味〟という思い込みを取り払ってみてください。

仕事が楽しくて趣味に没頭する時間がない人は、仕事の中に趣味を見つけてみてはいかがでしょうか。

私の場合、プライベートと仕事の境目を意識することはほとんどありません。なので、仕事の延長線上にある「仕事着のスーツ」が趣味になっています。スーツ愛好家の経営者は多く、会話も弾みます。

ビジネスシーンで信頼を獲得できる格式高い箔(はく)のあるスーツがとくに好きです。政治家や、経営者の方のスーツの上質な生地を見ると心が踊ります。

●モノとの関係性を深めるための「質問」

お気に入りのスーツはトムブラウンです。

トムブラウンのスーツは男女の垣根がないジェンダーレスの世界観を表現したデザイン

が特徴的です。

ビジネスシーンで信頼を得たい私はボディシルエットを強調しないデザインを。〝男性らしい〟グレーやネイビーの色合いにすっかり魅了されました。

私は一人の人間であり、一人の専門家として生きているつもりです。「女性だから」「女性の活躍」など、女性を強調する風潮に少し疲れていたこともあり、ジェンダーを、いい意味で意識しなくていいトムブラウンのスーツは、私には着心地がよく、自分らしく生きているという実感があります。

「スーツのインナーは白のワイシャツだけ」「靴はスニーカー」などと、自分のユニフォームを決めることは、一流のビジネスパーソンなら当たり前のようにやっています。「スーツはトムブラウン」と決めたことで服を選ぶ時間が節約でき、より仕事に専念できるようになりました。

さらに一歩進めて、モノとの関係性を深めることで、モチベーションを高めることもできます。

たとえば、次のようなことを自問しながら、自分とモノとの関係性を探ってみましょう。

・どんな歴史（エピソード）にワクワクするのか？
回答例▼伝統的なスポーツチームが着用していた
・つくった人の人間性のどこがすごいのか？
回答例▼細部まで徹底的にこだわり、プロダクトアウトを追求する点
・そのモノを身につけると、どんな気分になるのか？
回答例▼ジェンダーを感じず、自分らしくいられる

自分の本質に突き刺さるワクワクするモノを身にまとうことで、リフレッシュし、新しいエネルギーでまたビジネスに向かうことができます。

ワクワクするモノを「推す」ことは、自分にとっては最高の趣味であり「ご褒美時間」。仕事だけでなく人生を豊かに過ごすことにもつながります。

他人に共感されなくても、「趣味は、○○を推すこと」と胸を張って答えればいいのです。

MARIKO's Voice

column

トムブラウンに気付かされた「独自路線」の強さ

「トムブラウンが趣味になった」と確信した出来事がありました。

とあるご縁でお会いしたトムブラウンのブランドコンセプトチームの方が「われわれはマーケットインとは真逆のブランドなんです」と話されました。

消費者やユーザーが何を求めているのか、それに応え続けるのがマーケットインのビジネスモデルです。それに対して、企業がつくりたいものをつくり、販売するのがプロダクトアウト。それは、潜在的なニーズを探って流行を作り出すビジネスでもあります。トムブラウンはある意味で「ビジネスの鉄則」から外れた戦略を打ち出しているのです。

トムブラウンには決まったテーラーの形があり、スーツの丈や色合いなどはデザイナーのトム・ブラウンが美しいと感じる比率からまったくブレません。

好きな人が選んでくれればいい。そのスタイルを貫き、ブランドができて20年目ほどで、他の名だたるハイブランドと並ぶ地位を確立しました。

「マーケットインのビジネスモデルを採用している会社は素晴らしい」と説いてきた私にとって、独自の路線で常識を打ち破るブランドの考え方は衝撃的で、すっかりその魅力に引き込まれたわけです。

そんな素晴らしいブランドコンセプトを愛している人たちがトムブラウンでは働いています。同じモノを愛する仲間同士が語りあうのも趣味の醍醐味。ショップに足を運び、ブランドの歴史や商品を心から愛しているスタッフの人たちと会話する時間が、私のご褒美となっています。

■トムブラウンのスーツを身にまとった著者

column

A method of managing time

第4章

予約の取れないアナリスト直伝！「時は金なり」のスケジュール管理法

時間術
1

スケジュール管理できない人は、「燃費の悪い車」と一緒

自分を「会社」に置き換えて客観視

いよいよ本章では、「超速仕事術」の本丸（ほんまる）、収入10倍アップをもたらす時間術を紹介します。

第3章で述べたとおり、時間は「コントロールしようとしない」ことが鉄則です。忙しいビジネスパーソンは気を抜けばいつでも簡単に時間に支配されてしまうからです。

ただ、時間に縛られるなと言っても、「最低限の整理」は必要です。

それが、スケジュール管理です。

スケジュール管理ができない人は、燃費の悪い自動車で走り続けているようなもの。燃費の悪い車は動きが鈍く、動けば動くほど車体は傷み、ガソリンを消費します。

要領の悪い働き方をしていると、自分の身体がしんどいだけでなく、一緒に働いているメンバーの負担になります。そして、迷惑をかけた自分が嫌になり、仕事自体が嫌になる「負のループ」が生まれてしまいます。

まず大事なのが、仕事の整理です。

拙著『収入10倍アップ高速勉強法』では自分自身をバランスシートに置き換えて考える方法を提案しましたが、仕事においても自分を1つの企業に置き換えて、自分という企業体がどうやったら効率よく仕事を回せるようになるかを考えましょう。

自分を1つの企業として考えると、「意外に無駄な業務が多いなあ」「あの仕事を同時進行したら別の仕事もできたのに」と自分を客観視でき、仕事を整理するための改善点が次々と浮かび上がってきます。それにより頭がクリアになり、行動もスムーズになります。

時間術 ❷

「4つのステップ」で時間と効率化から解放される

限界を超えたタスクを「断る勇気」

仕事を整理し、優先順位がつけられれば、スケジュール管理で起きる悩みの8割は解決したようなものです。そのために身につけたいのが次に挙げる「4つのステップ」です。

1．作業をカテゴライズして、優先順位を決める
2．1つの仕事に必要な時間の目星を付ける
3．キャパオーバーの仕事は断る勇気を持つ
4．（1〜3をやったら）「ほんとうにやりたいこと」をやる

それぞれ私の具体例を挙げながら説明していきます。

ステップ1　作業をカテゴライズして、優先順位を決める

皆さんはおそらく、毎日タスクに追われて、息苦しさやしんどさを感じているでしょう。そんな方に必要なのは、「効率化」だけではなく、「優先順位」を決めるクセをつけることです。

私の仕事は、「登壇／執筆／分析・資料作成／企業訪問・取材に行く／取材を受ける／テレビ・ラジオ／ベンチャー企業の正社員」など多岐にわたります。

このなかで自分の核になる仕事＝時間を減らせない仕事は、「企業訪問・取材に行く」「分析・資料作成」です。登壇や執筆で独自の視点を盛り込むためにも、この時間は削れません。

仕事の優先順位に関連して、仕事を「重要度」と「緊急度」の2つの尺度で分類する考え方があります。定番かつシンプルな方法ですが効果抜群です。

この重要度を、「自分にしかできない」に置き換えてみましょう。

次ページの図のように、「自分にしかできない」か「ほかの人もできる」かの尺度、「緊急」か「緊急でない」かの尺度で仕事を分類したとしたら、左上（自分にしかできなくて緊急）

■「仕事の優先度マトリックス」

優先！

	緊急	緊急でない
自分にしかできない	**自分にしかできない緊急な仕事** 当然優先順位が高い いつも優先してやっている	**自分にしかできない緊急でない仕事** 本当は重要なはずなのに 後回しにしてしまいがち
他の人もできる	**他の人もできるが緊急な仕事** つい引き受けてしまうが 本当にやるべきか？	**他の人もできるし緊急でない仕事** 本来であれば やるべきではない

の仕事を優先するのは当たり前。問題はその次です。

右上（自分にしかできないけど、緊急でない）の仕事は、長期的には重要な仕事です。しかし、人は誰でも、左下（他の人もできるけど緊急）の仕事に時間を取られてしまい、右上が後回しになりがちです。それこそ、社内で共有できないか検討すべきでしょう。

一度自分の仕事を4つにカテゴライズしてみると、納期にかかわらず「自分にしかできない」仕事を優先できます。

ステップ2　1つの仕事に必要な時間の目星を付ける

自分の携わる仕事にかかる時間を正確に把握していない人は意外に多いです。これではスケジュールを立てようがありません。

仕事単位ごとに必要な時間を計算すると、1ヵ月に入れられる仕事の量は必然的に決まります。私の例を参考にして、ぜひ、皆さんも算出してみましょう。

・企業訪問や取材は、事前予習（3時間）＋訪問する時間（2時間）＋訪問後の復習とお礼のやり取り（1時間）＝合計6時間コースです。
このスケジュールを月10社分確保します。10社以上はいったんお断りして、来月の訪問に繰り下げます。するとあっという間に1年間のスケジュールが埋まります。

・登壇は、登壇の資料作成と予習（6時間）＋当日登壇と移動で（5～8時間）＝1日コースです。こちらも1ヵ月に10回が限界です。

・記事執筆は2000文字以内であれば4時間程度。
ある程度の分量になると構成の推敲も必要となり、私の場合は3日間にわたり、4時間

×3日＝12時間かけています。

このように自分の仕事量を数値化すると、時間の「有限性」に気づきます。1ヵ月のうちで仕事にかけられる時間は想像以上に少ないのです。

ステップ3　キャパオーバーの仕事は断る勇気を持つ

自分のキャパを超えた場合、断るしかありません。無理をして仕事を入れたところで、クオリティが下がるだけです。残酷なことに、クオリティの低いものを量産しても、ビジネスでは評価されません。むしろ、評価を下げることになります。一つひとつの仕事のクオリティを上げるためにも、自分の限界を超えるタスクは断る勇気を持ちましょう。

ステップ4　（1〜3をやったら）「ほんとうにやりたいこと」をやる

1〜3が実践できれば、スケジュールに余白ができます。

ここで通常のタスクをやってしまっては元の木阿弥(もくあみ)です。スケジュールを入れたくなる気持ちをぐっとこらえて「白紙」にすること。4の「ほんとうにやりたいこと」をやる時間に充てるためです。

この4ステップをクリアすると、少しずつ余裕が生まれてくるはずです。次のステージに進むために、自分を時間から解放してあげてください。

MARIKO's Voice

column

仕事量の「数値化」が人生を豊かにする

私は、かつて登壇件数が1ヵ月だけで20回を超えました。そのほかの仕事をやりながらです。身体も思考回路もヘトヘト。それでも、登壇先で喜んでもらえる顔が嬉しくて、クライアントに合わせて話す内容とスライドをすべてアレンジしていたものの、いよいよ限界を迎えました。体調を崩し、他の仕事やインプットの時間にも影響が出てしまったのです。

自己管理を怠った苦い経験から、今では1ヵ月に受ける登壇の件数は10回までと決め、それ以上はお断りすることにしています。

自分のキャパを知り、キャパ以上の仕事はセーブする。これをしないと、結局は、元も子もなくなるし、自分自身も空っぽの人間になります。

MARIKO's Voice

頑張っているあなたは、自分の人生を守ることを考えてください。あなたが充実していなければ、輝くことはできません。あなた自身のためだけでなく、「みんなのため」にも、1ヵ月でできる仕事の上限を可視化させましょう。

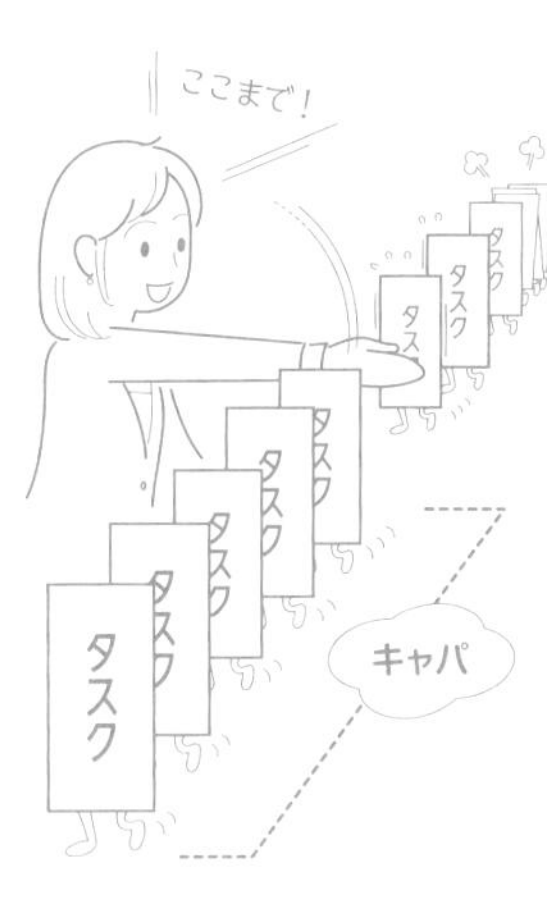

column

時間術 3

週8時間以上「好きな仕事」の時間を確保する

馬渕流「仕事の優先順位」のつけ方

タスクをカテゴライズして優先順位を決めると「自主的」に仕事を選んでいる気分になり、仕事に対するやる気が高まります。

とはいえ、目の前のタスクが必ずしも自分のやりたいものとは限りません。ミーティングや事務作業などは、気が進まなくても取り組む必要があります。

そこで「ワクワクする～！」「やりたい！」と思える仕事の割合を意識的に増やしていきましょう。

ステップ1　通常業務の時間割をつくろう

まず161ページで算出した仕事の所要時間から逆算して、「ポートフォリオ時間割」を組みます。ここでは睡眠時間を除いて、1日を3時間ずつ6つのタームに区切って考えます。

①6－9時　②9－12時　③12－15時　④15－18時　⑤18－21時　⑥21－0時

仕事（業務）に充てるのは、主に②～④タームです。すると、1週間の労働時間は40時間

時間割に通常業務を書き込む

※通常業務は土日を除いて週40時間程度確保

	月	火	水	木	金	土	日
①6-9時	インプット					自由	自由
②9-12時						自由	自由
③12-15時	通常業務					インプット	自由
④15-18時						自由	インプット
⑤18-21時	自由		通常業務		自由	自由	自由
⑥21-0時	自由	インプット	自由	インプット	自由	自由	自由

時間割に「好きな仕事」を書き込む

※通常業務の２～3割程度が理想

	月	火	水	木	金	土	日
①6-9時	インプット					自由	自由
②9-12時	通常業務					自由	自由
③12-15時		好きな仕事		好きな仕事		インプット	自由
④15-18時	好きな仕事					自由	インプット
⑤18-21時	自由		通常業務	好きな仕事	自由	自由	自由
⑥21-0時	自由	インプット	自由	インプット	自由	自由	自由

程度確保できます。①、⑤のタームは通勤や、食事などの生活時間にも使われます。就寝前でゆっくりできる⑥タームめは読書など軽めのインプットやヨガなどを行ないます。

ステップ2　時間割に「好きな仕事」を組み入れよう

先ほどの労働時間＝通常業務40時間に対し、「好きな仕事」を週8時間以上取り組めるのが理想です。周りのビジネスパーソンに話を聞くと、全仕事に対して「好きな仕事」の割合を2～3割まで高めていくと満足度は高まるようです。

何か新しいプロジェクトに携わりたい、ある調査を集中してやりたい、大型の営業案件

チャレンジ!　★あなたの時間割をつくりましょう。

	月	火	水	木	金	土	日
①6-9時							
②9-12時							
③12-15時							
④15-18時							
⑤18-21時							
⑥21-0時							

を獲得するために時間を使いたい、自社開催の大規模イベントを成功させたい、エンジニアとして好きな案件を完遂したい。そういった、自分が「ワクワク」する時間を意識して時間割に入れていきましょう。

労働の満足度を高めるために一番効果的なことが「やりがいのある仕事」だと言われています。営業、経理・財務、マーケティング・広報、専門職などなど、自分に合った職業を選ぶことで「やりがい」を見つけることが一般論です。

しかし、もう一歩、踏み込みたい。

やりがいのある職業についたとしても、100％すべての業務が「やりがい」につながるわけではないという事実に目を向けるべきなのです。

ビジネスパーソンは、「通常業務、やるべき仕事」と「やりがいのある仕事」を天秤にかけながら生きています。いくら好きな職業についたとしても、最低限こなさなければな

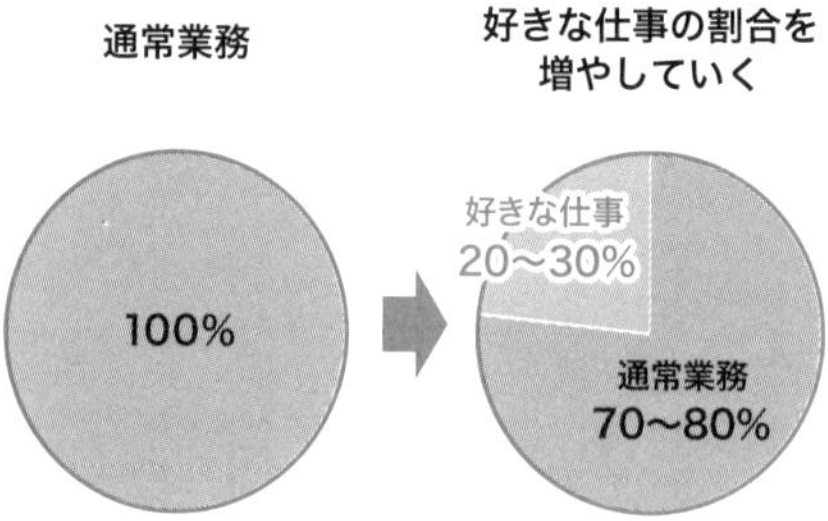

通常業務

100%

好きな仕事の割合を増やしていく

好きな仕事 20〜30%

通常業務 70〜80%

らない通常業務が多すぎれば、心が疲弊していきます。

仕事の優先順位は、どうしても目の前の通常業務が高くなります。これを片づけなければ、やりがいのある仕事に行きつきません。

遊びではないので、やるべきことを先に片づけましょう。

仕事のベースができていると、「新しいマーケティングの施策をやってみたい」「イベントを開催したい」「ホームページをこんな風に変えると、いいと思います」といった自分の意見が通りやすくなり、その結果、やりたい仕事を任せてもらえるようになります。

優先順位はシンプルに、

1．当たり前に求められている仕事を通常業務時間内にこなす
2．好きな仕事、やりがいのある仕事をする時間を確保する

このサイクルが生まれると、好きな仕事、やりがいのある仕事の割合が雪だるま式に増えていき、仕事が楽しくてたまらない状態になります。

8時間労働の場合、1週間で働く時間はたった40時間。そのうち、8時間以上、好きな仕事をできるようにする。これを目標にスケジュールを改善してみましょう。

「好きな仕事」を効率化してはいけない

1日18時間労働をしている私でも、仕事全体に対して「好きな仕事」の割合は3割です。

注意したいのは、労働時間を増やせば、やりたい仕事の「割合」が高まるとは限らないということです。

労働時間を増やした分だけ、インプットや準備、ミーティングの時間も増えます。

100％「やりたい仕事だけ」をするという考えではなく、まともな組織人・社会人としての感覚を兼ね備えるためにも、通常業務もキッチリやります。

どれだけ仕事の時間を増やしても、忙しさは変わりません。

自分の仕事のうち2～3割を「やりたい仕事」をする時間に充てるためにどうするか逆算する段階で、初めて「効率化」を考えるのです。

間違っても「やりたい仕事」を効率化するのは本末転倒なので気を付けましょう。

時間術
④

毎日チェックするアカウントは5つに絞る

ユーチューブ、SNSの情報収集「3つのコツ」

マネー力
Level：★☆☆

ユーチューブやSNSは情報インプットに向いています。しかし気を付けないと、いつの間にかどんどん時間を削られてしまいます。

依存しないためにも、次のことを心がけてみましょう。

1．ツイッターは「発信の方法」を学ぶ場。フォローは最小限に絞る

ツイッターは情報収集に適していません。短い文章で、物事をうまく言い表す大喜利大会の色合いが強いツイッターは、トレンドをざっくり把握するにはいいですが、短い文章で本質的なことを伝えるのは難しいからです。

そこで、上手な発信をしている人だけをフォローして、その発信方法を学ぶといった使

い方をしましょう（次ページのMARIKO's Voice 参照）。

2．ユーチューブは主張の偏りのないチャンネルを選ぶ

ユーチューブは「政治・経済」「ビジネス」「株式」「ニュース」などの専門チャンネルの場合、情報収集に向いています。ただ、報道機関のニュースではない個人発信のアカウントは、個人の意見に偏っている場合があることも忘れてはいけません。

私も自分のチャンネルを運営していますが、報道番組のコメンテーターを務めていることもあり、できるだけ偏りのないニュースベースでの発信を心がけています。

それでも、「円安」ひとつとっても日本経済にプラスかマイナスか、私なりの意見を述べなければならない場面があり、いつも判断に迷います。視聴する人は、発信されているものがどれくらいフラットな内容なのか気を付けて、自己責任でインプットしてください。

3．チャンネルは5つ程度に。視聴する曜日・時間帯を決める

企業運営されているユーチューブチャンネルは定期的に更新されます。私がよく見る相場分析チャンネルは更新される曜日が決まっていて、ルーティンとして視聴できます。

毎日チェックするような方なら登録チャンネルは5つ程度に絞り、「通勤時だけ」「お昼

休憩時」など時間帯を決めるといいでしょう。移動中に見る人なら、1・5〜2倍速で視聴するのもお忘れなく。

MARIKO's Voice

column

「マネー力」を高めるアカウント3選

ツイッター編

●後藤達也

@goto_finance

金融・経済の情報をスピーディーに、コンパクトにわかりやすく伝えてくれるアカウント。情報に偏りがないことが安心感のある点です。

●高橋洋一（嘉悦大）

@YoichiTakahashi

政治や社会問題の「今」がわかります。経済トレンドの「裏話」も見ものの ユーチューブもおすすめ。

●山口真由オフィシャル

@mayuyamaguchi76

コラムのような情景が浮かぶツイートが癖になります。「たしかに、わかるな〜」と共感を呼ぶ秀逸な表現力でコンパクトに日常を発信。彼女にしかできない発信を続けられており、独自性とはこういうことか、と勉強になります。

ユーチューブ編

●【公式】マーケット・アナライズ

https://www.youtube.com/@bs12_market_analyze/videos

エコノミストの永濱利廣氏、黒瀬浩一氏、矢嶋康次氏など信頼できる専門家が多数出演。金融ストラテジストの岡崎良介氏と、株式アナリストの鈴木一之氏が毎週、土曜日に株式市場や金融トピックスに精通したゲストを迎えて放送。

●上岡正明【MBA 保有の脳科学者】

https://www.youtube.com/@kamioka01

投資業界の神です。軽妙な語り口とわかりやすい相場解説が勉強になります。具体例やユーモアを交えた表現が多く、難しい金融情勢も楽しく学べます。ツイッターもおすすめです。

●ストックボイス stockvoice

https://www.youtube.com/@stockvoice/featured

ストックボイスは東京証券取引所から毎日、テレビの生放送をしています。東京MXなど一部の地域での放送のため、全国で視聴できるわけではありません。YouTubeでテレビの内容を配信していますので、毎日の相場観を学びたい人にオススメです。

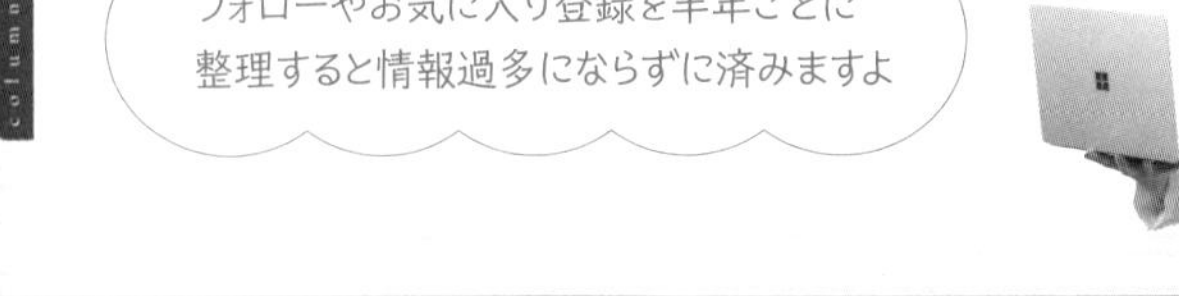

時間術
5

最初は「やらないことリスト」をつくらない

新しい得意が見つかる「1000本ノック」

マネー力
Level：★★☆

「『やらないこと』を決めておくと、やるべきことに集中できる」と言う人がいますが、私はあまりおすすめしません。

最初から「やらないこと」を決めると、自分の可能性を狭めてしまうからです。とくに若い時期は、「質より量」を追求しましょう。

私の場合は、「プレジデントオンライン」の執筆記事の総ＰＶが２０２０年上半期だけで６０００万ＰＶを記録したことが１つの実績になっています。「こんな切り口で書けますか？」という編集部からのオーダーにすべて応えました。断ったことは一度もありません。

また、今でも年間１５０件の企業訪問を自身のＫＰＩにしています。どんな仕事も「一人１０００本ノック」のつもりで向き合っています。

そうやって量をこなしながら試行錯誤をしていると、日に日に仕事の質が高まっていきます。専門性の幅が広がるだけでなく、「こんな面白い世界があったのか。もっと研究してみたい」と自分が知らなかった可能性にも気づくことができます。

2021年、コロナの感染拡大が進むなかで、あるウェブメディアの編集長から「『微アルコール』に関する記事を書いてもらえませんか？」という依頼をいただきました。

今でこそ、「お酒」と「ノンアル」の〝すき間〟にあるアルコール度数わずか0・5％程度の「微アル」は定番になりましたが、当時はほとんど話題になっていませんでした。

飲料メーカーについて深く調査した経験がなかった私でしたが、トレンド前に執筆の機会をもらえたことで、アルコール業界の市場規模の大きさや意外な消費者のニーズ、微アルコールが持つ潜在的なマーケットについて知ることができたのです。

このように量をこなすことで、専門性の幅が広がるばかりか、「奥行き」も生まれます。

自分の価値観に合わなかったり、意義の感じられない仕事は、キャパオーバーになってから捨てればいいのです。私からすれば、最初からやらないことを決めるなんてもったいないです。

●量稽古の思わぬ副産物

量をこなすと、「仕事のキャパシティ」が広がるメリットもあります。

「キャパ」は意外と自分が思い込んでいた限界にすぎなかったりします。部活をしていた人なら、しんどい練習をしているといずれ限界を突破して、できることが増えたりする経験をお持ちでしょう。それと同じです。

そして、量をこなす人は必ず報われます。

それが一人稽古だったとしても、周りの人たちは頑張っている人のことをどこかで見てくれているからです。自分がそうやって成長してきた成功者であれば、なおさら評価してくれるはずです。

さらに、自分が苦しんだ分だけ、他人の痛みを理解できるようになります。これは人間的な深みにつながります。量稽古には素敵な副産物がたくさんありますよ。

時間術
6

できるリーダーは全力で休むのではなく、「休みながら養う」

仕事のレバレッジをきかせるための戦略的休暇

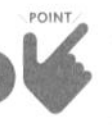

ワンモア・ポイント

リアルタイム発信で「今だけの情報提供」を

173ページで紹介した元日経記者の後藤達也氏は、「note」で経済ニュースをタイムリーに解説する記事を書いています。

そのやり方を真似て、私もNewsPicksのプロピッカーとして、日銀の記者会見などをリアルタイムでコメント発信しています。1時間の記者会見の要点を15分ずつ更新します。「(16：15分最終更新)」といった更新時間を書き添えてPickを進めていくのです。

ちょっとした発信方法の工夫ですが、コメントに対するレビュー数も多く寄せられ、ありがたいことに運営側からも投稿の好例として紹介いただきました。

SNSの投稿を仕事に活かす場合も量を意識するといいでしょう。

■著者の週間スケジュール

	月	火	水	木	金	土	日
4-6時						月1ウェークアップ	ラジオレギュラー番組
6-9時	インプット						
9-12時	通常業務						仮眠
12-15時	企業訪問	MTG	MTG	企業訪問	MTG	インプット	インプット
15-18時	登壇	MTG	企業訪問	ラジオレギュラー番組	MTG	登壇	インプット
18-21時	研究	登壇	登壇	YouTube収録	掃除・トレーニング	トレーニング	トレーニング
21-0時	フジテレビレギュラー番組	インプット	インプット	フジテレビレギュラー番組	インプット	インプット	インプット

MTG：ミーティング

私はここ数年、「18時間労働」を休みながら続けています。

1週間で126時間、1ヵ月に換算すると約500時間です。ちなみに、一般的な平均労働時間は1週間40時間、1ヵ月約160〜180時間程度です。あまりに労働時間が多いため疑われるのですが、嘘ではありません。証拠として1週間のスケジュールを表にしてみました。

このように、目が覚めて寝るまで、100%経済アナリストとして活動しています。

平日のパフォーマンスを上げるには土曜日と日曜日の過ごし方がポイントになりま

す。ご家族のいる方や土日に休日出勤する場合でも少なくとも土日のどちらかは休養（教養）に充てるのが理想的なビジネスパーソンの休日ではないでしょうか。

私にとって土曜日と日曜日は「休みながら養う日」です。

最近は、土曜日も1日かけて地方登壇をすることも増えていますが、スケジュールのバランスを崩さないように、インプットの時間と、まとまった執筆時間を確保し、ジムやヨガなど身体のメンテナンスにも時間をかけます。

日曜日は早朝のラジオ番組に出演した後、やはりトレーニングとインプットを欠かしません。仕事人間に見られがちな私ですが、意外にも人間らしい生活を送っているのです。

●長期休みは最優先でスケジュールに入れる

しっかり休むことは、忙しい時間から少し離れるきっかけになります。休暇の間に、読書をしたり、異文化に触れることで新しい視点を吸収し、エネルギーチャージができます。

一流のビジネスパーソンは休暇を効果的に活用しています。トレーニングや旅行の時間

により レバレッジがかかって精力的に活動している姿を見ると、休暇の重要性を肌で感じます。

最近は、推しのライブや観劇のために有給を取得する人も多いと聞きますが、素晴らしいことだと思います。休日を有意義に過ごして心が満たされれば、寝て過ごすよりよっぽど健康的ではないでしょうか。

そうはいってもなかなか長期の休みが取れないという人は、連休を計画的に作りましょう。

休む予定が決まった時点から、同僚や取引先に向けて「5月の連休、休みをいただいてもよろしいでしょうか」と許可を取っていきます。ビジネスパーソンの場合、周りの理解や協力がなければ、まとまった休みは取れません。「とにかくこの日は脳みそを休ませる」自分に自覚させるためにも、1年ぐらい前から予定を立てておくのが吉です。

休む意志を持つ　↓　1年後の休みの計画を立てる　↓　周りの合意を得る（認知拡大）

私はこうやって、計画的に休みを取っています。

自分が休む意志を持たなければ、永遠にまとまった休みは取れません。私はほんとうに多忙のときは休む意志が0％でした。それではいけないと思い、グーグルカレンダーに「絶対に休む！」と書き込み、メンバーに周知しました。

ありがたいことに「まとまったお休みをいただきます」と伝えると、みんな喜んで協力してくれます。「いつも頑張っているんだから、ゆっくりしなよ」と温かい言葉をもらうと、なんて良い仲間といつも仕事をしていたんだろうと、ますます仲間を好きになります。

休みが充実したものになれば、休みに協力してくれた仲間への感謝の気持ちが高まります。まとまった休みは、自分の心身を休めるだけでなく、日頃、一緒に働いている戦友たちへの感謝の気持ちを深めるきっかけにもなりますね。

■グーグルカレンダーに「休む意志」を入力

MARIKO's Voice

column

早朝からの仕事の「前日&当日」は早く寝る

変則的な仕事をすると、体調を崩したり、いつものバランスが崩れて寝つきが悪くなったりすることがあります。また、緊張した状態が続くと、睡眠がしっかり取れないケースも多いです。

早朝に仕事をしたときや、大事なプレゼンを終えた後も、飲みたい気分をぐっと抑えて、さっさと寝てしまうのがいちばん。翌日からの仕事のパフォーマンスを維持できます。

ちなみに、私はラジオのレギュラー番組「馬渕・渡辺#のビジトピ」がある日曜日は、朝4時に起きて5時前にはＴＯＫＹＯ ＦＭのスタジオに入ります。そのため前日の土曜日はいつも、22時に就寝します。

かなり変則的な睡眠時間ですが、「Ｏｕｒａ（オーラ）」というスマートリングを指にはめて、深い睡眠が何時間とれているかデータで把握しています。データに応じて、眠くなくても早く寝るように調整することもあります。今後も、たんなる睡眠時間ではなく、「質の高い睡眠時間」の取り方が大事になってくるのは間違いないでしょう。

column

時間術 7

「15分のスキマ時間」の使い方がいずれ大きな差になる

メールの情報から英会話、投資情報、自分との対話まで

移動時間や会議の合間、待ち合わせ場所に少し早く着いたが、先方が渋滞で遅れるといったとき。お風呂上がりに身体を冷やす時間……。

こうしたスキマ時間をうまく使うことで、仕事の負荷を分散させることができます。

ひとつの目安として「15分でできる仕事」をストックしておきましょう。

- ・メール返信やスケジュール調整
- ・これから会う企業（人）の予習
- ・音声メディアでの情報収集

・**新聞の速報のチェック**

といった作業はすでに皆さんもスキマ時間にやられているのではないでしょうか。

短時間で集中して仕事をするときは、アラームを必ずかけましょう。ついのめり込んでしまって、予定していた会議の時間をすっ飛ばしては目も当てられません。アラームをかけておけば、何度も時計を確認する行為がなくなり、思いっ切り作業に没頭できます。

●15分でできることはこんなにある

さらに、私が実践する「15分インプットツール」をお教えしましょう。

・**オンライン英会話ネイティブキャンプ**
・**野村證券が提供する投資情報アプリFINTOS！（フィントス！）**
・**「避難場所」としてのトイレ**

15分タスク1　オンライン英会話

オンライン英会話「ネイティブキャンプ」では、スマホアプリ、パソコンから24時間365日レッスンが受けられます。たとえば、今15分だけ時間が空いたら、フィリピンの先生につないでレッスンを受けることができます。「今」この瞬間にやりたいと思ったときに、すぐにレッスンを受けられるというのがポイントです。

時間も「15分間」と設定すれば、15分で自動的に終了となります。先生は画面オン、自分は画面オフでもOK。私は、寝る前の顔面パックをする時間を使ってネイティブキャンプにアクセスしています。アメリカ、ヨーロッパ、フィリピン、アフリカといったさまざまな地域の講師にすぐにアクセスできて面白いですよ。

月額7000円程度でレッスンが受け放題。ぜひ試してみてください。

15分タスク2　投資情報のインプット

野村證券が提供している情報アプリFINTOS！を使えば、ニュースや業界動向、為替、経済・政治に関するアナリストレポートを読むことができます。このアプリをダウンロードしておくだけで、手持ち無沙汰になることはありません。

待ち合わせでパソコンを出していると相手に気をつかわせてしまいますよね。でもこれなら、遅れてきた相手に罪悪感を抱かせることなく、スマートフォンやiPadで1〜2本のレポートを読めます。スマートな振る舞いにピッタリなアプリです。

ニュースだけなら無料、アナリストレポートをすべて読む場合は月額4900円です。

15分タスク3　トイレで自分との対話

仕事が立て込んでいて休み時間もろくに取れないことがあります。あるいは、ショックなことを言われて動揺してしまったときには、一時的な「退避場所」が必要です。

そういうときは、トイレにこもりましょう。いったん、密室で心を落ち着かせて、冷静さを取り戻します。15分もあれば、十分に効果を発揮します。

逆に、プレゼンの前や大規模イベントでの基調講演などで「やるぞ！」と気合いを入れたいときも、トイレで一人の時間を作れます。

ただし本来の使い方ではないので、ランチ時など混雑する際の利用は避けてください。

時間術
8

限りある時間は「アプリ」で生み出す

仕事のできる人はタクシーを戦略的に活用する

スピード力
Level:★☆☆

人生において、移動に費やす時間はバカにできません。

時間がない人はタクシーを使って「移動時間」を徹底的に削ると人生が変わります。

私が主に使っているのは、タクシーアプリの「GO」と「S.RIDE（エスライド）」。補助的に無線タクシーの連絡先をスマホに登録しています。

タクシーアプリを使えば、1回乗るたびに最低でも15分は時間を有効に使えます。

流しのタクシーを拾うとすると拾うまでに5分、最悪10分のロス、乗車して目的地の住所を伝える作業で数分のロスが考えられます。アプリならこれらの時間を短縮でき、さらにアプリで精算済なので、到着してからお財布を取り出す必要がありません。到着と同時に即、下車できます。

☑ **タクシーアプリを使うメリット**

・あと何分で迎えに来るのか把握できる
・事前に目的地を登録しておけば、住所を伝えて説明する手間を省ける
・精算の手間を省ける

これだけでもムダな時間をカットできるうえに、乗車した瞬間から下車のギリギリまで仕事の時間に充てることができます。15分の効用は前項で述べたとおりです。

それにパソコンや充電器、プレゼン資料など重たい荷物を持ち歩いて電車に乗るのは、心身ともに疲れ果てます。私もタクシーアプリを活用するようになってから、ストレスから解放され、仕事のパフォーマンスが明らかに向上しました。

●買い物もアマゾンを使えば、「時間の節約」に

私は、お茶、シャンプー、トリートメント、ボディーソープ、水などの日用品を

Amazon（アマゾン）で定期購入しています。

忙しすぎて買い忘れが続いてしまい、不便さを感じるようになってから、定期購入の設定に切り替えました。なくなりそうなタイミングを見計らって、毎回、ネットにアクセスして購入する必要がなくなり、ストレスを感じません。

アマゾンの定期購入は、1週間おき、2週間おき、1ヵ月おきなど細かい設定ができます。しかも、定期購入の場合、コンビニなどで買うより5～15％値段が安く手に入ります。時間もお金も節約できてコスパ最強です。

また、ウーバーイーツを使って、コンビニから朝食用のバナナ、ヨーグルト、カットフルーツを配達してもらっています。

ウーバーイーツは飲食店だけでなく、一部のスーパーやコンビニからの配達にも対応しています。

コンビニに寄るエネルギーも残っていないほどヘトヘト

■買い出しの時間を節約して仕事に集中！

になった出張帰りや、仕事に集中したい「ここぞ！」のときには、とくに重宝します。

正直、ウーバーイーツでコンビニの商品を頼む自分に罪悪感がありましたが、元ローソンのバイヤーでマーケティングアナリストの渡辺広明さんから「全然いい！　コンビニのカットフルーツをウーバーイーツで買うなんて、時間を浪費しないニュースタイルだと思います」と言っていただき、堂々と利用しています。

聞くところによると、子育て中やランチの外出が億劫（おっくう）な人からも支持されているようです。「こんなサービスを使うなんて、私って怠け者？」なんて思わなくて大丈夫。使えるサービスはどんどん使って、余計なストレスを減らしていきましょう。

時間術
❾

外部の人とのブレストミーティングに参加する

複数の仕事を同時にこなすメリット

マネー力
Level：★★★

複数の仕事を同時並行で進めていると、複数の切り口から情報を得ることができます。

さまざまな現場に顔を出して、人との接点が多ければ多いほど、自分にはない切り口を得られます。それにより、自分自身のアイデアや話すことにも厚みが生まれるのです。

私でいうと、仕事は経済アナリストですが、テレビ、ラジオ、メディア執筆、登壇、ユーチューブと、どれも求められる能力が異なります。各現場にいるスタッフの個性も三者三様です。

たとえば、構成作家さんとの雑談のなかで、思わぬ情報が手に入ることがあります。以前、ある方が「SF文学で『戦争予測』目立たぬ脅威、見過ごす恐れ」という『日本経済新聞』の記事（英『フィナンシャル・タイムズ』の翻訳記事）を経済予測として面白いんじゃないか、と教えてくれました。

SF作家は、想像力が豊かなので未来ではどんな軍事技術が使われているのかを想像できてしまう。未来のイノベーションの形があると考えて国が本気で国防戦略に取り入れているという内容の記事です。

経済アナリストとして新聞は欠かさず読んでいますが、無意識のうちに「自分には不要」と判断していたのでしょう。この記事はスルーしていました。

そうした「インプットの偏り」を共に働く仲間たちに補ってもらえます。

このように、積極的にいつもとは違う組織の人に会う機会を作るだけで、視野がグッと広がります。

定期的に他社の経営者と情報交換する経営者は少なくありません。いきなり商談のプロセスを踏むのではなく、まずは「ブレストミーティング」をきっかけに、徐々に関係を構築していくのです。

頻繁に意見交換をする仲になれば、ビジネスに発展するケースもあります。

一般のビジネスパーソンでも、忙しい人ほど外部の人と会う機会を増やし、異文化・他組織の思考をインストールする習慣を身につけてください。

時間術 ⑩

「執筆」の仕事は絶対に断るな！

お金になりづらい仕事が人生を豊かにする

書籍でも、ネットの記事でも「執筆」は、業種を問わずチャンスがあるならば絶対にやるべきです。レバレッジがかかる仕事の３本指に入るからです。

執筆した記事は運営元に削除されない限り、ネット上に残ります。書籍も国会図書館にずっと所蔵されます。

自分がどんな考えの人間で、どんな専門性を持っているのか、どんなことに興味があるのかを、第三者的な媒体で記事として残せるのは一生ものの資産です。

そんな仕事はなかなかほかには見当たりません。

執筆の仕事は、チャンスがめぐってきたら絶対に手放してはいけません。労力のわりに、リターン（報酬）が少ないという考えは、執筆に関しては捨てましょう。

執筆に限らず、報酬が少なくても人生を通じてやりたい「ライフワーク」を見つけておくと、働くうえで安心感が違ってきます。

私が運営する日本金融経済研究所では、ＩＲ（インベスター・リレーションズ）が日本経済に与える影響について研究データを用いて政策提言をしています。この運営も報酬を得ないライフワークです。

「稼ぐ」というより「育む」つもりで、いつか芽が出ることを待ち望みながら仕事に取り組んでいます。

そうはいっても、無理してライフワークを見つける必要はありません。来たるべきときが来たらライフワークとしてボランティアをする選択をしたっていい。

バリバリ働いているときに何となく、「退職したあとの人生でも、できたらいいな」と思えることを、ふわっと考えておくことが重要なのかもしれません。

MARIKO's Voice

column

「主役」は私ではない——専門家としての生き方

「主役は自分だ」という感覚がある人は、成長の伸びしろが期待できません。

「馬渕さんは、テレビやラジオ、ユーチューブなど、自分の意見を自由に話せる場があっていいですね」とよく言われます。私の名前が入った番組や媒体だから、「主役」の私が何をやっても許されると思われているのでしょう。

でも、私はどの現場でも「自分が主役」だと思ったことは一度もありません。

それぞれの番組には視聴者に合わせたテーマやカラーがあり、番組のコンセプトとして伝えていきたいメッセージがあります。その延長線上に、私のような専門家が意見を添えているにすぎません。ウェブの記事も、好き放題書いているように思われるかもしれませんが、寄稿先のメディアによって、書く内容や言葉遣いを変えています。

登壇も来場者に合わせて、話し方のスピードや話す内容をすべて変えます。

個人投資家なのか、企業経営者なのか、一般的なビジネスパーソンなのか。年齢が高いのか若いのか。その年齢に合った話題を用意しています。

ユーチューブチャンネルにも当然、視聴者が見たい、知りたいというテーマがあります。そのニーズに応える動画を作らないと再生回数は伸びません。私が好き放題話したところで、それが視聴者の求めるコンテンツとは限らないのです（ライブ配信をたまにやる分にはいいのですが）。

主役はつねに、自分以外。

そういった謙虚な気持ちで、周りから投げてもらったボールを打ち返し続ける。これが専門家の生き方であり、成長し続ける人の特徴といえます。

そもそも、私が属する金融業界は、これから活躍が期待される企業へお金を融通することで、その企業が羽ばたくサポートをするのを生業（なりわい）としています。あくまで主役は企業であり、物やサービスを作っている企業に対し、最大限の敬意を払う必要があります。日陰の存在でありながら、力強く経済を支える「裏方」が金融の役目であり、そんな金融業界に私は誇りを持って働いています。

Presentation

第5章

お金も人もやってくる！「自分を売り込む」超プレゼンスキル

会議やプレゼン、商談……、ビジネスパーソンは何かしらの形で発表する機会が多いです。ビジネスカンファレンスなどで、本来なら人前に出て話すことが本業ではないのにスピーチをすることになって困った、という読者もいるのではないでしょうか。

断言しましょう。

これからの時代は今まで以上に、人前で話す能力を伸ばさないと、ビジネスパーソンは生き残れません。

ありのままの自分を知ってもらい、共感してもらえて初めて、あなたのことを〝応援したい〟と思ってくれる人が現れるのです。

でも、大丈夫です。

第1章で述べたとおり、コミュ力に自信のない私でも年間約200本の講演依頼があり、高リピート率につながっているのは、話し方が「うまい」からではありません。

これから、私の実体験もふまえたプレゼンのスキルをご紹介していきましょう。

プレゼン術
①

うまいプレゼンには「しつこいフィードバック」あり

話し下手でもリピートが絶えない秘訣

人間力
Level：★☆☆

自分が〝うまく〟話せたという実感は、まったくあてになりません。

講演・プレゼンテーションがうまくいったと思っているのは自分だけだった、といったケースは非常に多いです。

そもそも「講演やプレゼンがうまくいく」の〝うまくいく〟とは何を指しているのでしょうか。説得力をもって、流暢に話すことでしょうか。

☑うまいプレゼンの条件

1．聞いている人（受講者）がわかりやすいと感じた

2. 聞いている人（受講者）が参考になる情報を得られた
3. 主催者や決定権者が納得し、内容に満足した

「うまくいった」と言うには、少なくともこの3点は満たすべきです。
そこで大事になるのは他者からのフィードバックです。

聞き手からのフィードバック

まずは、聞き手がどう思ったかです。講演後のフィードバックは必ず行ないましょう。

講演後に主催者からアンケート結果を共有してもらえる場合は、何が良くて何がダメだったのか、毎回、自己評価と照らし合わせて反省し、次に生かします。

●アンケート

□ 聞きやすかったか？
□ 構成に違和感はないか？
□ 難易度は適切か？
□ 参考になる情報はあったか？
□ また受けたいか？

主催者からのフィードバック

意外に見逃しがちなのは、主催者の感想です。事後アンケートがあってもなくても、「満足のいく内容だったか？」「次回に向けて反省すべき点はあるか？」など、主催者側から根掘り葉掘りヒアリングをしてください。

気をつかって正直に話してもらえないケースもありますが、「もっと良くしていきたいので、忌憚のないご意見を」と言えば、遠慮がちにダメ出しをしてもらえます（笑）。

これがリピートにつながる秘訣です。

プレゼン術 ②

「プレゼンは戦略」なんとなく話したら、絶対に失敗する

勝てるプレゼン準備❶ 計画表

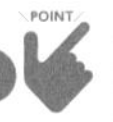

ワンモア・ポイント

講演は事前の打ち合わせが９割

講演に向けた事前の打ち合わせでは、気軽に何でも話せる雰囲気づくりを心がけています。ゲスト講師だからと、主催者に気をつかわせないこともポイントです。

気さくにお願いごとをしやすい雰囲気づくりができていれば、相手から「米国経済について話してくれませんか？」「講演の合間に会場の参加者に問いかけをしてください」「関西ならではの事例を入れてもらえますか？」など事前にさまざまな要望を出してもらえます。

こうしたリクエストをもとにした内容の吟味（ぎんみ）が、受講者の満足度向上にもつながるのです。

プレゼンや講演は、何となく言葉を並べてもその場をしのげます。だから準備なんていらないのでは？　と思う人もいるかもしれません。

しかし、よほどの熟練者でない限り、準備もせずアドリブに近い状態で話すのはリスキーです。プレゼンや講演は「何となくこんな感じでいいかな」という程度の準備で臨むと１００％失敗します。言ってはいけない失言がこぼれる可能性も高まります。

話すことが苦手な人ほど、人より多く、準備に時間をかけましょう。

緻密に計算されたプレゼンは聞き手の満足度、ひいてはあなたの信頼に直結します。60分なり、90分間なりの与えられた時間に、ひと言もムダな言葉や時間があってはいけません。「間の置き方」や「雑談」も戦略的に組み入れます。

そのためにもプレゼン、講演が決まって、最初にやるのは「計画表」の作成です。

まずは、話す相手の情報を整理しながら、その人たちに合わせた「強いメッセージ」を決めます。強いメッセージは、そのまま講演のタイトルになったり、受講者を誘うための

「呼び文句」にもなります。

以前、ある地銀から依頼を受けた取引先向けの金融セミナーでは、「中小企業が元気になるすごい経営戦略」というメッセージにしました。

その登壇を例にして計画表をつくってみましょう（次ページ図参照）。

チャレンジ！

★次ページを参考にして、あなたも講演やプレゼンの前に計画表をつくってみましょう！

【いつ】

【誰に】

【主催者】

【強いメッセージ】

【構成案】

【時間】

【補足】

■「プレゼン計画表」の例

【いつ】 2023年5月
→メガバンクの決算の話を冒頭にする

【誰に】 九州の中小企業の経営者
→経営戦略の話をしっかりとする

【主催者】 地方銀行
→地方銀行の有望な取引先の企業経営者の集まり。
主催者の地銀とのシナジーについて話をする。

【強いメッセージ】 中小企業が元気になる
すごい経営戦略

【構成案】 自己紹介／経営戦略に必要な5条件／マクロ経済・市況の情報／成功している中小企業の具体的事例

【時間】 90分
→雑談を2つ入れよう！

【補足】 地元の話題を入れる。製造業のご参加者が多いため非製造業よりも製造業によせた話にする。

プレゼン術❸

成功するプレゼンは「骨子が命」何を伝えて、何を捨てるか

勝てるプレゼン準備❷構成と時間配分

スピード力

Level：★☆☆

計画表をつくったら、全体の構成と時間配分を考えます。

どんなに素晴らしい内容でも、時間配分が適切でないと、聞いている人が中だるみします。時間を大きくオーバーするプレゼンの印象は、皆さんの想像するとおりです。とくに講演の場合、主催者に余計なストレスを与えかねません。

主催者は参加者の満足度と同じくらい時間管理を大事にしています。だからこそ、時間内に何を、どのタイミングで伝えるのか構成を緻密に考えること。

つまり、「骨子が命」です。

相手が、何を望んでいるのかを考え、満足してもらうためにも時間配分を事前にシミュレーションしましょう。

●失敗するプレゼンは「詰め込み過ぎ」

では、どのようなペース配分で進めればいいでしょうか。

60分のケースを例に、まずは失敗案から見てみましょう。

講演の際に、「参加される経営者に満足してほしい！」という思いが強すぎるあまり、情報を詰め込みすぎた悪い構成がこちらです（207ページの計画表をもとにつくってみました）。

Bad!

【失敗案】

導入　（5分）　自己紹介
テーマ1（10分）　経営戦略に必要な考え方
テーマ2（10分）　米国の経済見通し
テーマ3（10分）　日本の経済見通し
テーマ4（10分）　中小企業の経営戦略
テーマ5（10分）　攻めの経営の具体例
まとめ（5分）　まとめ

↓1〜5　詰め込みすぎ。
メインテーマがわからない

60分で5つのテーマは欲張りすぎです。1つのテーマを、しっかりと話せば最低でも15分は必要だからです。

こうしたタイトな構成にしてしまうと、時間内におさめようと早口になります。参加者からすると、何が言いたいのかわかりにくくなってしまいます。

聞いてくれる相手が最も聞きたい「強いメッセージ」をメインに、その他の項目は思い切って捨てるくらいの気持ちで項目を絞り込みましょう。

このケースでは「経営戦略」が「強いメッセージ」なので厚みをもたせます。逆に「経済見通し」は1つに括り(くく)コンパクトに話すことにしました。

Good!

【改善案】

導入　(5分)　自己紹介
テーマ1　(10分)　経営戦略に必要な考え方　→　厚みをもたせる
テーマ2　(10分)　米国の経済見通し
テーマ3　(10分)　日本の経済見通し
テーマ4　(10分)　中小企業の経営戦略　→　コンパクトにする

テーマ5（10分）　攻めの経営の具体例
まとめ（5分）　まとめ

そうして、修正した案がこちらです。

Good!
【成功案】

導入（5分）　自己紹介
テーマ1（15分）　経営戦略に必要な考え方
テーマ2（15分）　マクロ経済をコンパクトに解説
テーマ3（20分）　中小企業の経営戦略と具体的事例
まとめ（5分）　経営戦略のまとめ

テーマを絞り込んだことで、メリハリがついた！

修正後は、40分間も「経営戦略」の話ができるようになりました。これなら受講者も聞いてくれますし、時間どおりに終われるので主催者も大満足でしょう。

プレゼン術④

スライドを制する者はプレゼンを制する

勝てるプレゼン準備③スライド作成

構成が決まったら、いよいよスライドを作成していきます。

1. 聞いている人（受講者）がわかりやすいと感じた
2. 聞いている人（受講者）が参考になる情報を得られた
3. 主催者や決定権者が納得し、内容に満足した

「うまいプレゼンの条件」はこの3点でしたね。

この3点を満たすために欠かせないのが「スライド」です。

事前のスライド作成にこそ、講演・プレゼンがうまくいく最大のポイントが隠されているのです。スライドを制する者はプレゼンを制する、と言っても過言ではありません。

作成の目安は、「1スライド＝説明2〜3分程度」です。

20分のプレゼンであれば6〜10枚「20（分）÷2〜3（1スライドあたりの分数）＝6〜10（スライドの枚数）」あれば十分でしょう。

☑ スライドの目安

30分のプレゼン　10〜15枚
50分のプレゼン　16〜25枚
60分のプレゼン　20〜30枚

もちろん、1枚のスライドに5分かけてじっくりと説明が必要な場合もあれば、30秒程度の解説に留めるスライドもあるでしょう。メリハリをつけながら、時間内に終わるようにスライドを作成します。

そもそも、スライドの枚数が多すぎれば時間内に終わるはずがありませんし、枚数が少なすぎれば早く終わってしまいます。時間内におさめられるかどうかは、事前準備で決まるのです。

●スライドごとに制限時間を記す

スライドを作成したら、準備完了。あとは、設定した時間内にテーマを話し終えることに集中しましょう。

ここで私が実践しているとっておきの方法をご紹介します。

発表用のスライドとは別に、予定時間をメモしたスライドをPDFにしてiPadで見られる状態にしておきます。

講演の机には、投影用のパソコンとiPadを準備します。iPadがない方は、スマホで十分です。

■シート１　テーマごとに、時間配分を記入

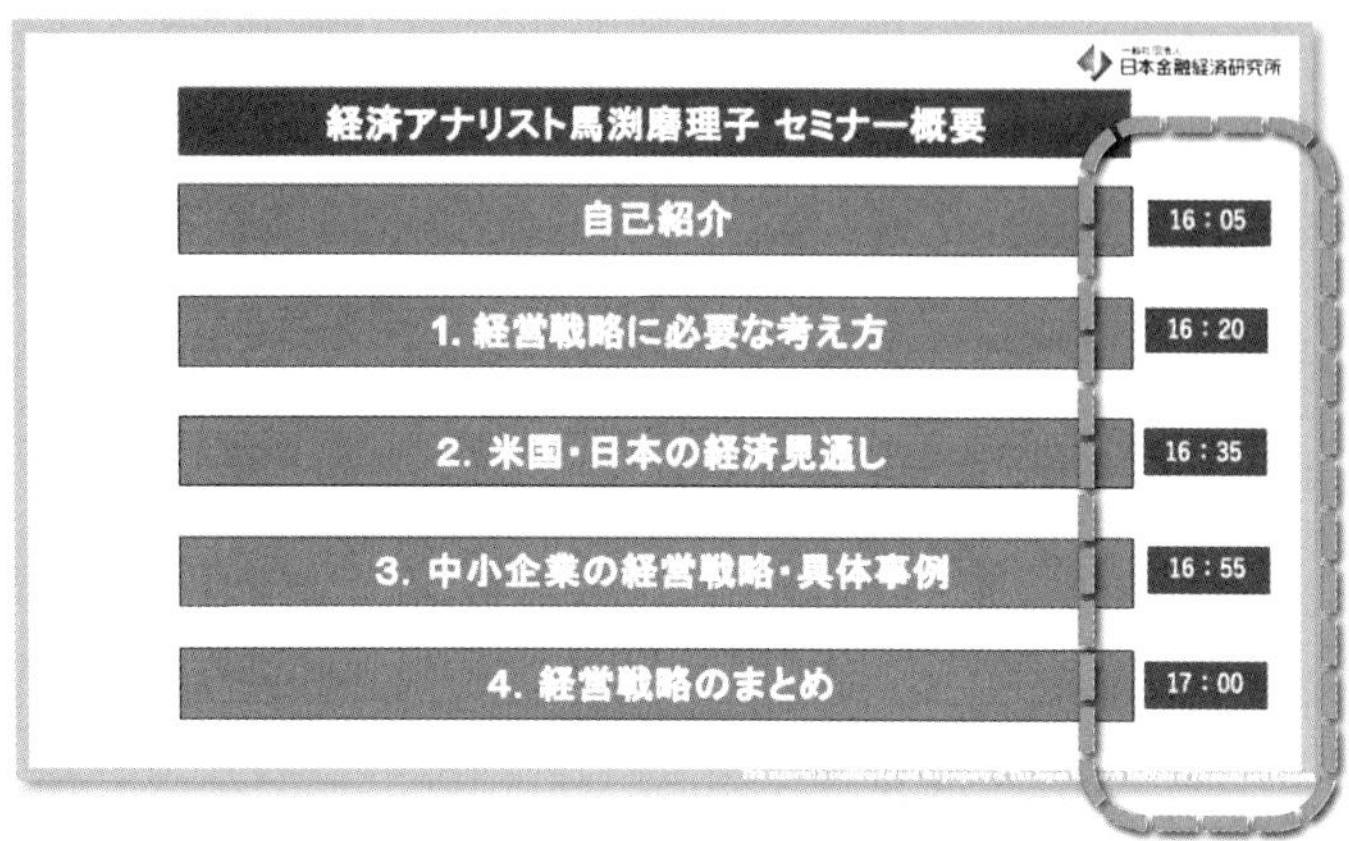

■シート２　さらに、個別のスライドにも時間配分を記入

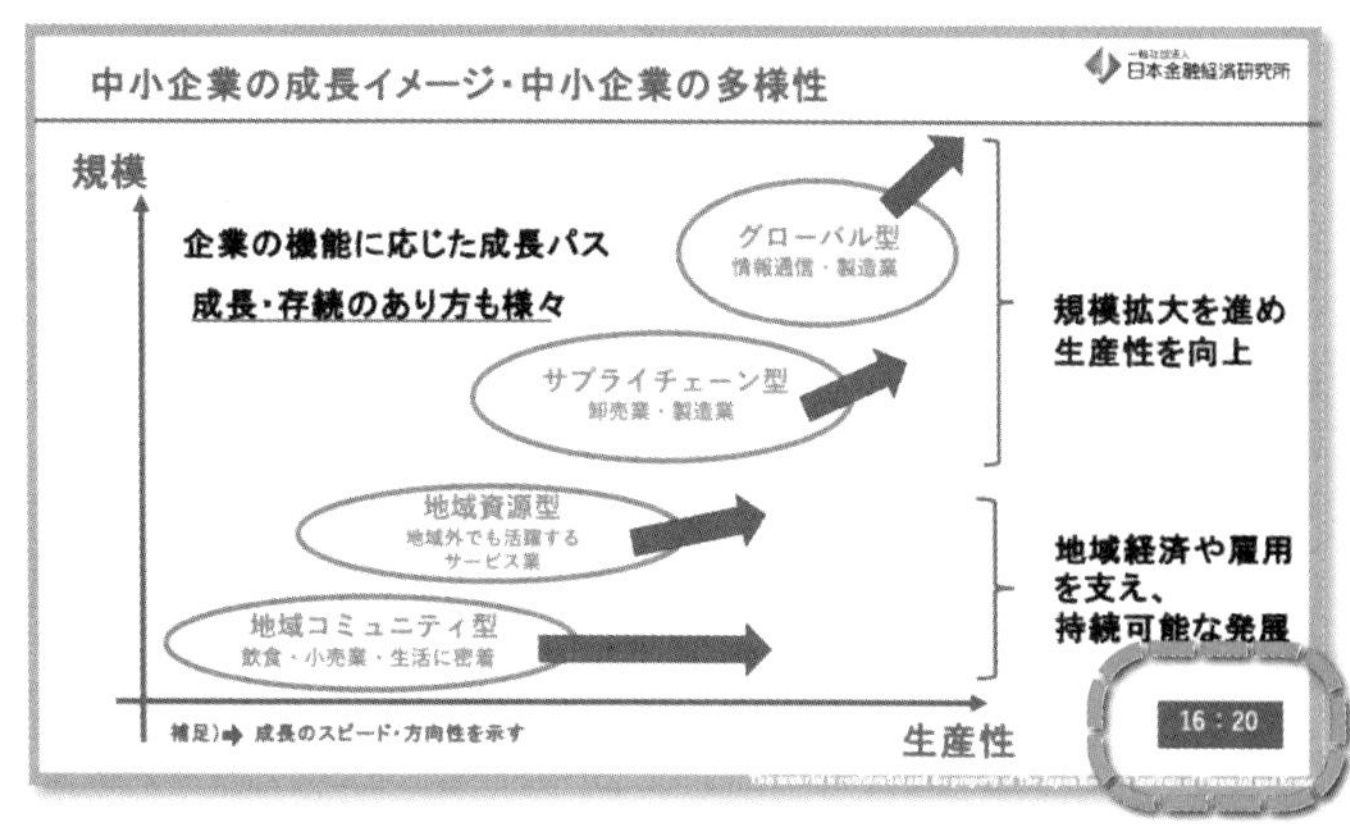

メモのPDFには、セミナー概要と各スライドに時間配分を記入しています（シート1、2）。

たとえば16〜17時の1時間の講演の場合はそれぞれの項目ごとに終了時間をメモします（シート1）。

16時ちょうどなど、キリがいい時間でスタートしない場合もあります。16：05、16：40からの開始などスタート時間はさまざまです。テーマごとの時間配分だけでなく、スライドごとにも時間配分を記しておきましょう（シート2）。

どんなに慣れている人でも、いつもと違う状況に置かれるとどこか緊張するものです。「16：10スタートで90分話してください」と言われると、「あれ、残り何分だっけ？」と混乱することが何回もありました。

シートに書かれた予定時間を確認しながら進めていけば、スライドの残数を気にせず、時間内にキッチリと終わります。

プレゼン術
❺

「結論を最初に提示↓深掘り」が基本中の基本

スライド冒頭は絶対に「結論」から入る

マネー力
Level：★★

最初のスライドは「結論」。これを絶対に忘れないでください。

たとえば「米国・日本の経済見通し」というテーマ項目について話すとき、最初のスライドには、今年の見通しの結論、理由、懸念をまとめます（シート3、4）。話を聞いてくれる相手とゴールイメージを共有するためのスライドです。ここで聞き手がグッと前のめりになったら、こっちのものです。その後、それぞれの理由を深掘りするスライドを作成していきます。

何が言いたいのか、話がどこに向かっているのかわからないと、聞き手は途中で話を聞くことが苦痛になります。

「結論を最初に提示↓深掘り」。この流れは、聞いている人のストレスを軽減させます。

たった60分や90分程度の講演で、もったいぶって結論を最後に回すことは無意味です。

■シート３　テーマ冒頭のスライドには、「結論」を書く

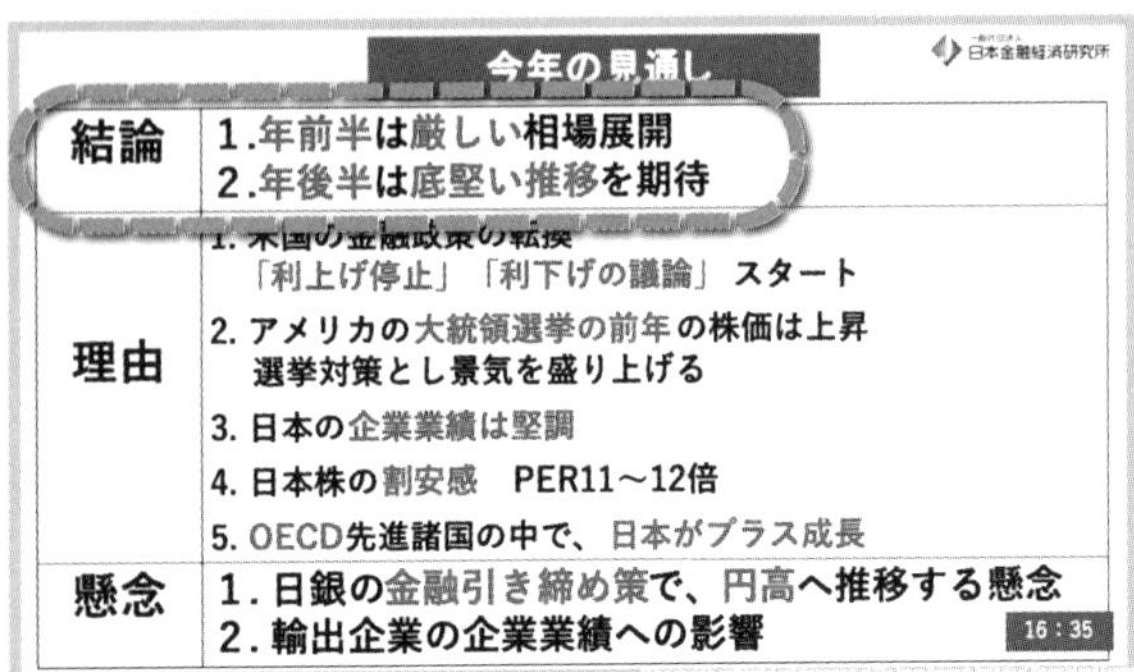

■シート４

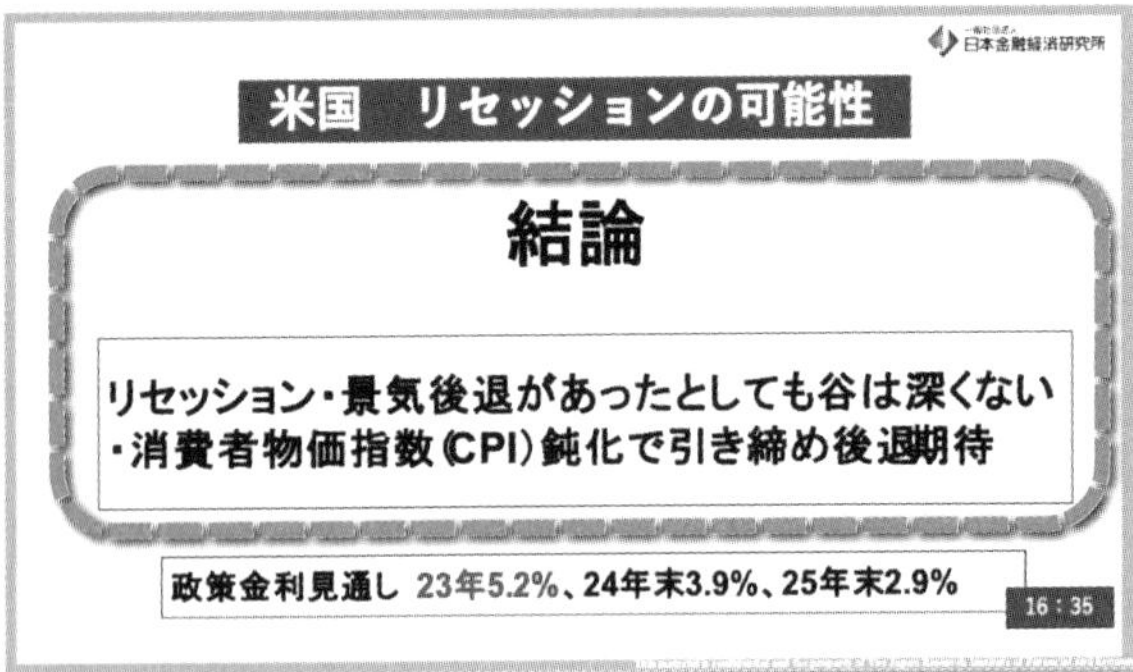

プレゼン術
❻

受講者が思わず小躍りするような「今日のおみやげ」を話す

「おいしい言葉」が満足度を爆上がりさせる

人間力
Level：★★

講演時に、参加者の皆様に「今日のおみやげ」を渡すのを忘れていませんか？

もちろん、菓子折りを手渡すのではありません。わざわざ自分の話を聞きに来てくれる受講者に対して、「参加して良かった」と思える情報をお伝えしましょう。

■企業価値を高めたい経営者向けの講演では……

「ＳＤＧｓを経営に落とし込むコツを紹介します！」
「リスクを事前に把握して、企業価値を高める方法を教えます！」

■相場の見通し、トレンドを知りたい個人投資家向けの講演では……

「ご自身で銘柄選定できるコツを３つ持ち帰っていただきます！」

「投資情報の収集源を特別に公開します！」

ポイントは、「やってみよう」と思ってもらえる「おいしい言葉」で伝えること。「〇〇のコツ」「3つのポイント」のように手軽さが伝わるといいですね。

また、「ここだけ」「特別に」など「スペシャル感」をそれとなく匂わせると、聞いている人の気分が高まります。

誰でも、これから聞く内容が役に立つならしっかりと聞きたいですし、それがすぐに実践できるスキルであれば、なお嬉しいものです。

「ここだけのオフレコ話」を入れる効用

参加者に合わせて、「ここだけの話」をスライドに盛り込みましょう。

他所では話していない、少し突っ込んだ話を入れると、参加者の満足度はグンと上がります。以前、「報酬が高くても自分の価値をすり減らす仕事は断った」実例を講演内で話したところ（シート5）、とても好評でした。著書や動画ではなかなか言いづらい「オフレコ話」は生の講演ならでは。ただし、拡大解釈されたり枝葉を切り取られて引用されるリスクもあるので、慎重に発言するようにしてください。

■シート5

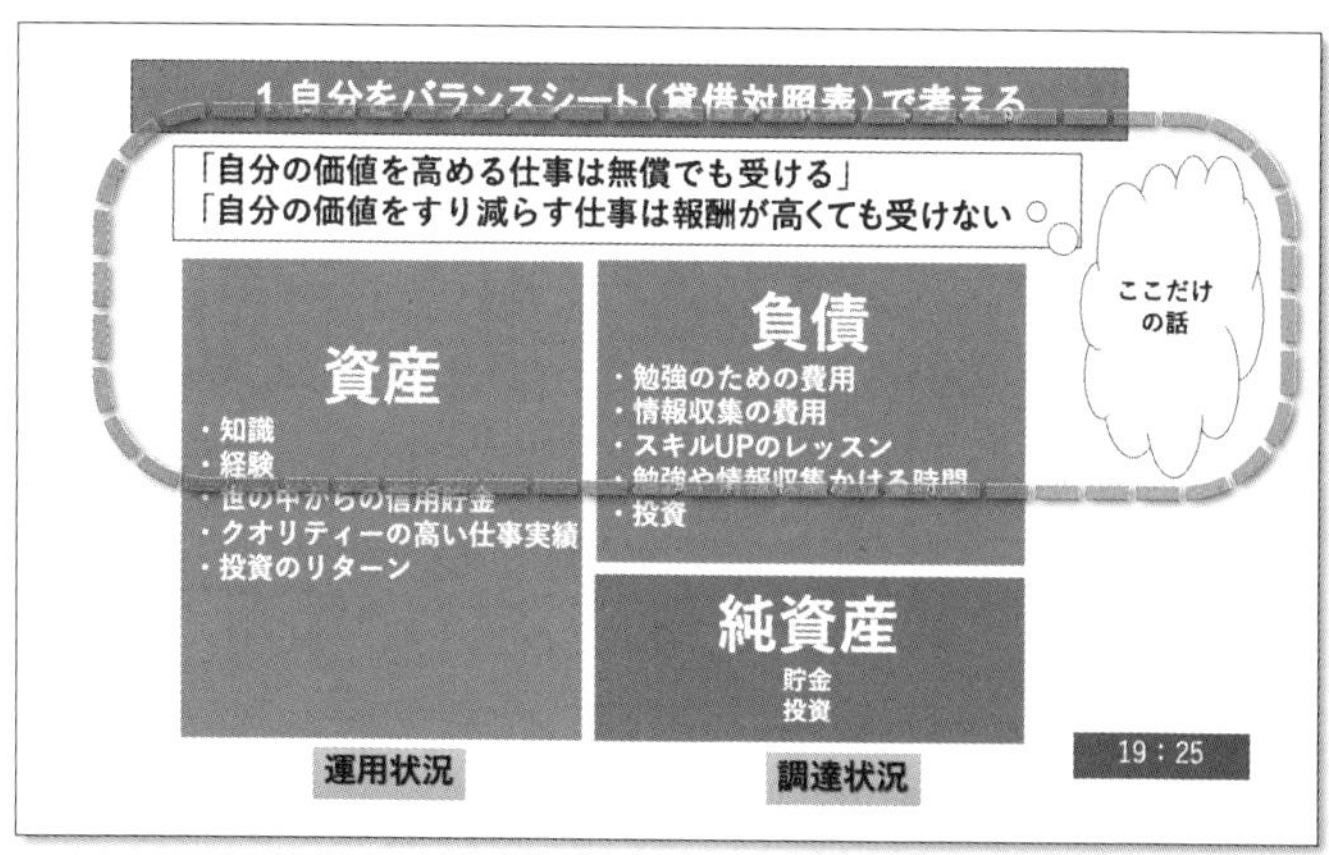

プレゼン術 7

「皆さんはどうですか？」のフリ↓3秒待つ

超一流が意識する「問いかけ」「間の取り方」「スピード」

これまで、多くの経営者、ビジネスパーソンの話す姿を見てきたなかで、自分も真似したいと思った共通点が３つあります。

1．ここぞの「問いかけ」
2．絶妙な「間の取り方」
3．最初と終わりはとくにゆっくり

自分でも意識するようにしたところ、聞き手の反応が劇的に変わりました。

1．ここぞの「問いかけ」

「問いかけ」はその場にいる人を巻き込みます。

プレゼンがうまい経営者の話を聞いたときに、「問いかけ」を要所要所で入れていることに気づきました。

「皆さんはどうですか？」「この条件に当てはまる人はいますか？」と問いかけられると、まるで自分だけに聞かれているかのように感じますよね。

プレゼンや講演は、話している側と話を聞いている側の1対多数ですが、それだと聞いている側に緊張感がありません。問いかけをすることで、1対1のコミュニケーションであるかのように演出することは効果的です。「自分は、どうかな？」と考えさせることができますし、ここぞというときに使えば、聞き手との関係性がより深まっていくでしょう。

2．絶妙な「間の取り方」

話を飽きずに聞いてもらうには、上手な「間の取り方」がとても効果的です。

話すスピードが一定だと、単調な時間が続いてしまい、聞いている側は退屈してしまいます。「間」を空けると、会議室や会場の雰囲気が一瞬変わります。「間」は注意を引きたいときに効果的です。集中力が途切れがちな講演の中盤に使うのがコツです。

そこで、「1．問いかけ」をしたあとに、3～5秒ほど黙ってみてください。それまで退屈そうにしていた人や、眠そうにしていた人が、「あれ⁉ 何かあったの？」と発表者に意識を向けるはずです。

客席の視線を自分に向けたタイミングで、すかさず、220ページでも触れた「ここだけの話ですが～」「先日の取材でわかった、ある企業の事例なのですが～」と続けると、その話を熱心に聞いてくれます。

あえてなにも話さない数秒間は、話し手の余裕を感じさせます。プレゼン以外でも、社内会議でも使えます。練習のつもりで、友達や家族との会話で使ってみてください。

3．最初と終わりはとくにゆっくり

冒頭の5～10分はゆっくり話しましょう。プレゼンが始まってしばらくは、聞いている側の心や頭が慣れていない状態。あなたの話もほとんど頭に入っていないでしょう。最初はとくにゆっくり話すことを心がけるくらいがちょうどいいのです。

「まとめ」のスライドもゆっくりと話すと、「クライマックスだ、もうすぐ終わる」という共通の認識づくりができます。時々、まくし立てるように「まとめ」のスライドを発表する人がいますが、逆効果です。

「最後の印象」がその人の印象になります。早々と唐突に、せっかちに終わると、せっかちな人だという印象に。ゆっくり、堂々と話して終わると、信頼感のある印象が自分の印象として伝わります。最初と最後はゆっくりと丁寧に話す。これがポイントです。

MARIKO's Voice

column

「1分間のブレイクタイム」なら、ゆるい話もOK

90分以上の長時間のプレゼンをする場合、できたら1～2回のブレイクタイムを設けましょう。1時間以内の講演であれば、あっという間に時間が過ぎてしまいますので、ブレイクタイムを入れる余裕はありません。

そうは言っても、金融経済の話を長時間聞くのは、それなりに気力と体力が必要です。

私はいつも、休憩を兼ねた簡単なスライドを30分に1回、挿入しています（シート6）。

MARIKO's Voice

背筋を伸ばしてリラックスさせる講師もいますが、**私は健康法やリラックス法や最近のマイブームを紹介しています。**講演の内容と無関係でも、ブレイクタイム中なら許されます。

講演のプロの方に、「馬渕さんのプライベートが感じられる内容で、かつタメになるブレイクタイムを入れるべき」とアドバイスをいただき、自分なりに考えてこうしたスライドを入れています。

人的資本や健康経営も注目されるようになり、「睡眠の質」をいかに確保するかはビジネスパーソンであれば興味関心のあるテーマ。このシートは受講者に大変好評でした。

■シート６　ブレイクタイム用のスライド

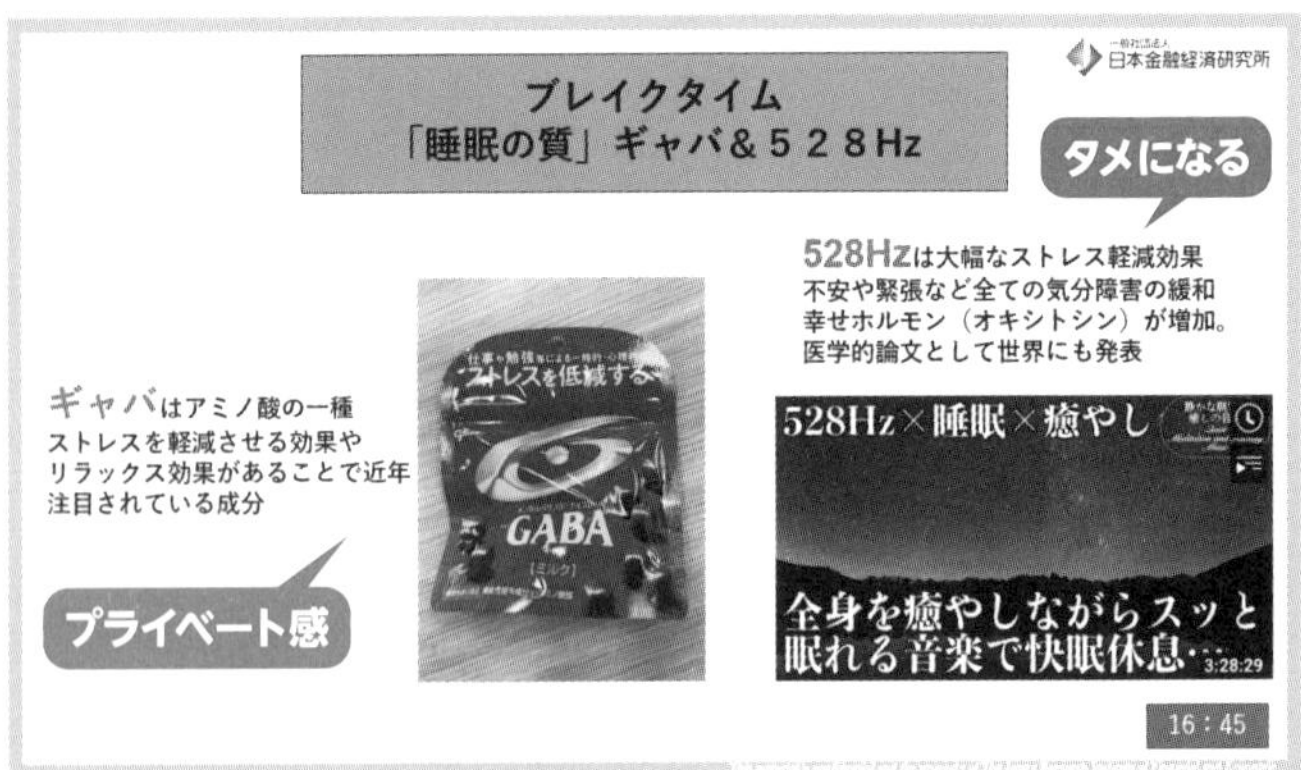

column

プレゼン術
❽

信頼感をマシマシにする「最高のプロフィール」をつくろう

いい企業には、いいHPがある

講演の導入に使う「プロフィール」のスライドは、意外に重要な役割を果たします。信頼感にも直結しますし、情報が整理されていれば、あなた自身が話すときにも便利です。

皆さんが企業の業績を調べるとき、まずＨＰを確認しますよね。企業のＨＰはプロフィールづくりの参考になるポイントが詰まっています。

「外部に説明するところまでを含めて経営だ」という志の高い経営者がいる企業は、いい企業の大原則を守っています。業績と自社の活動をしっかりと開示、説明責任を果たしていると、企業の信頼度は上昇します。

そこで、肩書、顔写真、実績をそれぞれ企業のＨＰに見立てて、あなたのプロフィールを作り込んでみましょう。毎年更新すれば、「どういった行動をしてきたか」「どのような実績を積んできたか」、成長度合いも確認でき一石二鳥です。

❶**肩書＝「会社概要」**ではダイバーシティ（多様性）があるかどうか確認します。あなたのプロフィールにも、本業以外の肩書があれば書き足しましょう。

❷**顔写真＝「代表メッセージ」**では、どんな思いで経営しているのかを確認できます。代表は顔写真があったほうがいいです。**「理念・ビジョン」**が明記されていることもあります。

❸**実績＝「投資家ページ」**に決算データがありますが、決算発表の内容が「動画」でUPされているのはいい企業の特徴です。プロフィールではそこまでやる必要はありませんが、本を出したりメディアで取り上げられたような実績があれば、プロフィールに盛り込んでみましょう。

参考までに、私の尊敬する上岡正明さんが講演で使われているプロフィールスライドを紹介します。上記の条件を満たしたお手本のようなプロフィールです。

■最高のプロフィールを構成する3大要素（上岡正明氏の例）

❶肩書

❷顔写真

経営学修士MBA
多摩大学客員講師(18,19)
帝塚山大学客員講師(19)
株式会社フロンティアコンサルティング代表取締役
登録者22万人のビジネス系YouTube

1975年生まれ。27歳でPR、ブランド構築のコンサルティング会社を設立。現在まで20年間、連続企業として3社の会社を経営。これまで、三井物産、SONY、三菱鉛筆など200社以上の広報支援、スウェーデン大使館やドバイ政府観光局などの国際観光誘致イベントなどを行う。

プロフィール
上岡 正明

また、放送作家として「王様のブランチ」「めざましテレビ」など人気番組の企画・構成・演出を担当。著書は東洋経済新報社、ダイヤモンド社など合計17冊上梓し、累計75万部超、中国、台湾でも翻訳本が出版される。
さらに、YouTubeとしても活動、わずか2年でチャンネル登録者約22万人を誇る。

所属学会として、日本神経心理学会、日本行動心理学学会、行動経済学学会、一般社団法人日本行動分析学会、一般社団法人日本脳科学認知学会、日本社会心理学会、一般社団法人日本小児心身医学会、認知神経科学会の各学会員。

❸実績

好調な企業HPを参考にしながら、
自分のプロフィールを磨きあげましょう！

プレゼン術 9

「1分、3分、5分」の自己紹介パターンを準備しておく

初対面で差がつく「話し型」

プロフィールスライドを1枚つくっておくと、講演に限らず、あらゆる場で自分のことを紹介するときに役立ちます。

驚くことに、スタートアップ企業で働く人たちは、いつでもどこでも10分で話せるネタを持っています。

創業の経緯、スタートアップ業界の課題意識、サービスが誕生した秘話、サービスの差別化・拡大戦略などを聞かれたら、すぐに解説できるようにスライドを準備しています。

ここまでする必要はないかもしれませんが、少なくとも、自分の所属先の特徴やサービス、あなた自身について、カフェや取引先でも「10分程度」で話せるように、パワーポイ

ント資料をパソコンのフォルダに入れておきましょう。

10分バージョンの資料を複数ストックしておけば、組み合わせ次第で90分くらいまでの話は自在にアレンジできます。具体的な事例や競合比較などを入れれば、しっかりと中身が詰まったものができます。

●自己紹介にも準備が必要

ビジネスパーソンの方は、自己紹介をいつふられてもいいように、1分、3分、5分の3パターンを用意しておくことをおすすめします。

自己紹介の時間がほんとうに苦手だった私は、事前に文面を用意して練習していました。

「自分のことを話すのに、準備なんているの？」と思うかもしれませんが、1分、3分であっても、準備なしで自己紹介するのは簡単ではありません。

そもそも上司から「自己紹介を準備しておいて」とは言われませんし、自己紹介に準備が必要だという認識を持つ人はほとんどいないと思います。

自己紹介も自主練習あるのみです。たまに笑いを取りながら自己紹介している人たちを見て、羨ましい気持ちでいっぱいでしたが、そういうプレゼンのプロたちも、じつは場数をこなしていて、それなりに失敗もしています。

というわけで、自己紹介は「1分、3分、5分」の3パターンあればこと足ります。

文字数でいうと、これくらいの目安です。

1分＝300文字
3分＝900文字
5分＝1500文字

盛り込む要素は次の5つです。プレゼンの上手な人の自己紹介に共通する要素です。いずれも、前項のプロフィールスライドをつくっていれば、各要素を組み合わせるだけで完成しますね。

☑ 自己紹介を構成する5大要素

① 所属
② 自社の紹介
③ 自社の課題意識（ビジョン）
④ 自社の実績
⑤ 自分の担当業務や目標

■【例】ベースの自己紹介文300文字バージョン

①所属　②自社の紹介　3分で話す！

株式会社FUNDINNOの馬渕です。マーケティングを担当しています。弊社はベンチャー企業を個人が投資で応援できる、企業のファンが投資家になれるプラットフォームFUNDINNOを運営しています。この国のベンチャーマーケットを、よりオープンに、民主的にしたいと思い、活動しています。弊社のミッションは、すべての起業家と投資家にとっての、情報・機会の格差をなくし、"フェアに挑戦できる未来を創る"ことです。また、株式投資型のクラウドファンディングでは、業界NO.1の実績で、これまでベンチャー企業の資金調達をおよそ100億円サポートしてきました。マーケティング業務では、個人投資家向けのコンテンツ作成やセミナーを実施し、サービスの認知拡大を担当しています。本日はよろしくお願いいたします。

③自社の課題意識（ビジョン）　④自社の実績　⑤自分の担当業務や目標

このように、300文字であれば、5つの要素を揃えればしっかりとした自己紹介になります。900文字であれば、これにプラスして最近の実績、自分が属する業界の関連ニュースなどの話題を300文字で話します。

残りの300文字は、たとえばセミナーに参加した経緯や意気込み、いま、自分が欲している情報などを伝えます。たとえば、「金融のマーケティングを担当しているので、マーケティングのお話ができると幸いです」など、この後に、周りの人が声をかけやすいよう「フック」を盛り込みます。

最後は笑顔で元気に「よろしくお願いいたします！」と挨拶して締めくくりましょう。

ベースの300文字ができていると、いろいろと肉付けするだけなので簡単です。まずは、1分間の自己紹介をしっかりと、自信をもってゆっくりと話せれば信頼感のあるビジネスパーソンという印象を相手に与えることができます。

講演でも商談でもプレゼンでも「入口」はとっても大事です。たかが自己紹介、されど自己紹介です。プロフィールをどんどんブラッシュアップして、スタートで差を付けましょう。

免許皆伝

「マーケットインの視点」をベースに「独自の視点」で勝負する

最初は依頼者のリクエストにとことん乗っかる

マネー力
Level:★★★

本書を締めくくるにあたり、最後に大事なことを伝えましょう。

すべてのビジネスの基本はマーケットインです。

マーケットインとは、マーケティング用語で、消費者の要望・ニーズを理解して商品を開発し、消費者が求めているものだけを市場に出す、顧客ありきの販売戦略です。

執筆記事、ユーチューブコンテンツ、講演は私にとって商品であり作品です。

そういった活動はすべて、「マーケティング視点」で成立しています。

■商品開発の視点を４象限で示すと……

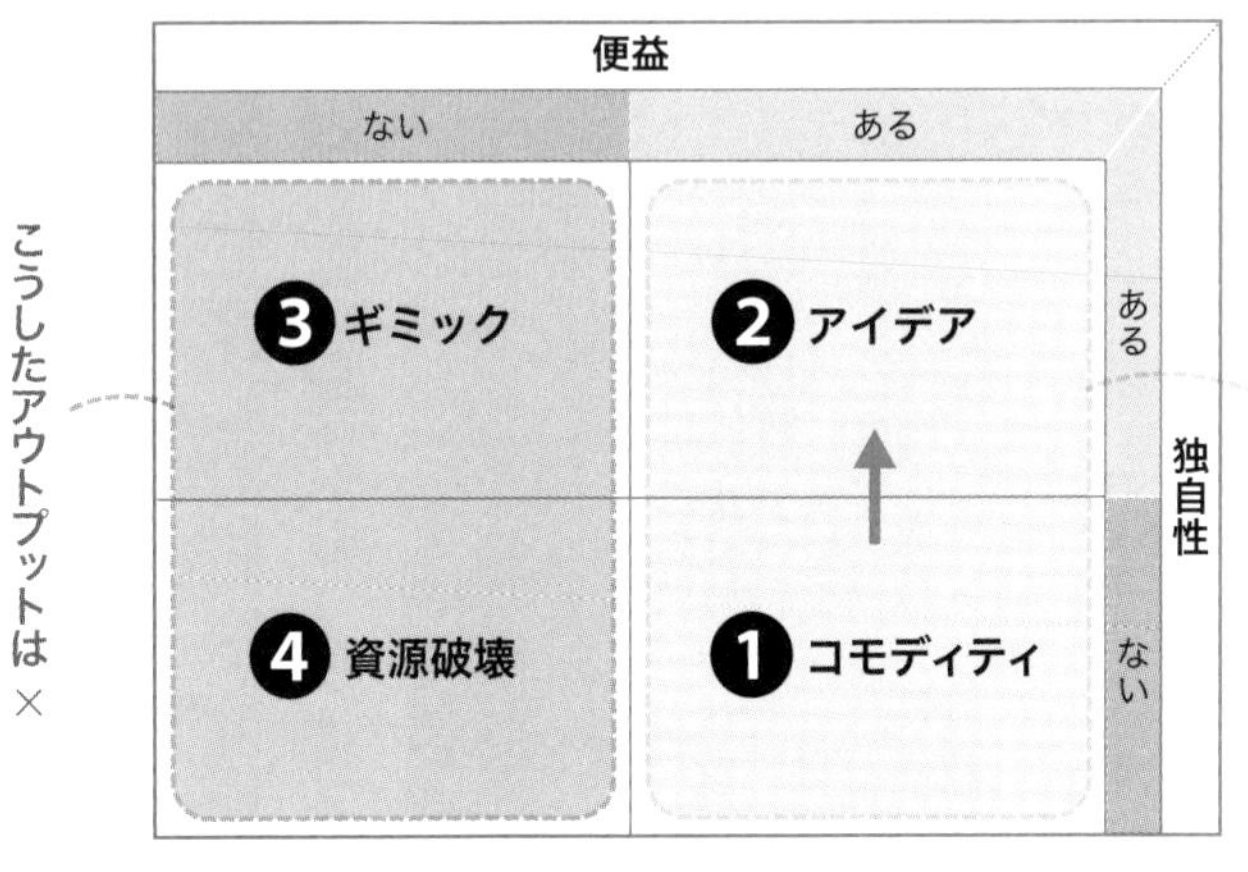

引用：西口一希　『たった一人の分析から事業は成長する 実践 顧客起点マーケティング』（翔泳社）

スタートアップ企業で、マーケティングの実務を経験していることから、ユーザーを何よりも大切にする考え方が染み付いているのかもしれません。

マーケティング視点は、西口一希（かずき）氏の著書『たった一人の分析から事業は成長する 実践 顧客起点マーケティング』（翔泳社）で基礎から実践まで学べます。

書籍では、商品開発の視点を４象限で示しています（上図参照）。

化粧品など一般的な商品開発では、「独自性」と「便益（顧客に利益がある）」を満たした「❷アイデア」をめざす必要があるでしょう。

しかし、私はこのセオリーを守らず、最初は「アイデア」を重視しませんでした。

あえて、徹底した「❶コモディティ」をめざしたのです。

コモディティとは、独自性はないけれど、消費者に利益があるものです。つまり、代替性がある商品で、マーケティングで言えば差別化されていない商品のことです。

「それで、いいの？」と思われるかもしれませんが、記事の執筆、ユーチューブ配信、講演などはコモディティ化しても、ある一定の価値があります。

そう判断をした理由は、金融という厳しい業界＝レッドオーシャンで、いきなり独自性を全面的に出しても、むしろ誰も信頼してくれないからです。

いらぬプライドを捨てて、コモディティ化に徹する。その後、時期を見て独自性に移行していく。これが私の戦略でした。

では、そのコモディティを徹底するときに、誰の意見を聞くべきか。

それは、市場で支持されるコンテンツを知り尽くしている、編集者やマーケターといった「マーケットインのプロ」たちです。

本書の執筆に際しても、担当の大隅元（げん）編集長にビジネス書市場の潮流を見ながら、ベストセラーを狙えるテーマを設定してもらいました。

講演に関しても同じです。主催者には意向があります。どんな参加者を集めて、どんな趣旨のイベントにしたいかの主導権は主催者にあります。自分の好きなことを、好きなように話しても、ニーズが合っていなければ不満が出てきますし、誰もハッピーではありません。もうおわかりですね？

依頼者のリクエストに合わせてアレンジしたほうが絶対にいいのです。

●「資源破壊」の人材になるな

こうしたことを、繰り返していると、次第に信頼度が高まり、継続的に仕事をアウトプットできる人だと認識してもらえます。

そのタイミングで「独自の視点」を意識するようにします。

ユーチューブであれば、開設後1年くらいから自分の意見を話すようになりました。

講演に関しては、6年間くらいは「マーケット解説」という、徹底したコモディティを続けていましたが、次第に「自身の座右の銘」を語り、「企業取材での逸話」「経営戦略目線」などオリジナリティを出すようになりました。

私はこの先も「コモディティ視点　→　独自視点」で生きていくと決めています。

ちなみに、「❸ギミック」とは独自性があるが、便益がないコンテンツです。奇抜でトリッキーな発言で目を引くかもしれませんが、誰のためにもなっていない、ただの自己満足にすぎません。自分の好きなことを好きなだけ話す人はこのカテゴリーに属します。

最悪なのは「❹資源破壊」で、独自性がなく便益もないもの。あらゆるリソースを無駄遣いしている、ただの害悪コンテンツです。

こういったものをアウトプットしている人には二度と仕事の依頼がきません。

「コモディティ」をベースにしながら、「独自視点のアイデア」の要素を付け加える。

これが最強です。

右側のスタンス（❶、❷）を守っていれば、マーケットインです。

自分が左側（❸、❹）に該当するような仕事をしていないか、つねに気にかけるようにしましょう。

おわりに――「10年後のなりたい自分」に会うために、今を生きる

「10年後の世界を予想してみなさい」

10年前、尊敬する経営者から教えられました。

その方は、「10年後の2023年には女性がもっと活躍する時代になるし、なるべきだ」とおっしゃっていました。男性と戦う女性像ではなく、もっとフラットな関係性で女性が活躍する時代が来ると言うのです。

たしかに、ここ10年で世の中は大きく変化しました。

では、ここから10年後、どんな社会になっているのでしょうか。

確実に言えるのは、ユーチューブを見て育ち、TikTok（ティックトック）を日常

的に使いこなす今の10代が選挙権を得ます。

そう考えると、若い世代の声を感じとり、SNSを駆使する新しいタイプの政治家が誕生する可能性があるでしょう。民主主義では有権者のなかでも数が多い年齢層の意見が政策に反映されます。若い世代の要望を叶える政策が実現する世の中になるかもしれません。

といったように、10年後の、社会やビジネスの予想をしながら「自分の未来」を逆算しなさい、という教えでした。

私の場合は、社会人3年目でアナリストに転身したときに、「10年後、こんなふうになっていたい」というイメージは漠然と頭に描いていました。

正直「なるようになるさ～」くらいの感覚で、未来にあまり固執することなく生きていたのですが、それがよかったようです。

ご参考までに、8年前に私がノートに書いた「なりたい私」をここに記します。

1.「生き方」をテーマにした書籍を出版したい

2．大学で金融・経済を教えたい
3．政策提言に関わる仕事をしたい
4．行政と仕事をしたい

今見返してみると、とんだ欲張り野郎ですね（笑）。しかし、かなり具体的です。

「社会貢献したい」といったふんわりとした目標ではなく、当時の仕事の延長線上で叶えられそうだけど、その時々を一生懸命生きていなければ決してたどり着くことができないような夢が並んでいます。

欲張りな私は、４つ掲げた夢のうち、最後の「4．行政と仕事がしたい」以外の３つは叶えました。

「1．生き方をテーマにした書籍」は大隅元編集長と前著『収入10倍アップ高速勉強法』、そして本書の出版で叶えることができました。株式投資の書籍ではなく、私の生き方を通して仕事や勉強に役立つ本を出版したいとずっと思っていました。この夢を叶えられたのは大隅編集長と出逢えたおかげです。

「2. 大学で金融・経済を教える」は、2022年にハリウッド大学院大学客員准教授に就任しました。

2021年には母校・京都大学公共政策大学院で「地域活性化論」の講義、翌年には、北海道大学で米澤徹教授のご厚意で学生の皆様に「ものづくりと日本経済の関係」について講義しました。こうした活動をご覧になったハリウッド大学院大学から客員准教授のお声がけをいただき、現在「経済・金融の基本」という授業を受け持っています。

「3. 政策提言に関わる仕事」は、小さいころから描いていた目標の1つです。

シンクタンク・日本金融経済研究所を自ら設立。すべて自己資金で運営しています。シンクタンクの活動は自分の命が尽きるまで続けたい活動です。

いずれも8年前に、未来の姿を具体的に描いていたからこそ成し遂げることができたのは間違いないでしょう。

ただ、私はここで「皆さんも10年後の未来を描きましょう」と言いたいわけではありません。

むしろほんとうに伝えたいのは、「あまりに大きすぎる理想は抱かないほうがいいよ」ということです。

理想と現実にはつねにギャップが存在し、理想が高すぎると目の前の現実世界があまりにも無意味に思えてくるからです。

それより、目の前の現実を楽しく生きることが、未来につながります。そして、未来の可能性を無限に広げるのです。

２０２３年6月、私はプライム市場上場のイー・ギャランティ株式会社の社外取締役に就任しました。さまざまな企業にチャレンジの機会を広げるという理念を掲げる、売掛債権保証サービスを行なう企業です。これは先ほど挙げた4つの夢には入っていません。まさに想定外でしたが、今をめいっぱい生きてきた証だと自負しています。

10年後、20年後、こうありたいと強く願うことは、自分で自分に道筋を強制するようなものです。未来に縛られてはいけません。

「今」を思いっきり、かみしめて、地に足をつけて生きるのです。
人生にリハーサルの時間なんてありません。「今」が本番ステージです。
安心してください。不思議なものでお金は自然とついてきますよ。

本書を読んでいただいた皆さんが、限りある時間を未来のために惜しみなく使う。
そして、未来の自分に一歩ずつ着実に近づいていくことを、心より願っています。

★著者略歴

馬渕 磨理子（まぶち・まりこ）

経済アナリスト、認定テクニカルアナリスト／一般社団法人日本金融経済研究所代表理事／イー・ギャランティ株式会社（プライム上場）社外取締役／株式会社FUNDINNOマーケティング・未上場マーケットアナリスト／フジテレビ「Live News α」・読売テレビ「ウェークアップ」レギュラーコメンテーター／NHK「日曜討論」・フジテレビ「日曜報道 THE PRIME」など討論番組へ活動の幅を広げる。

同志社大学法学部卒業、京都大学公共政策大学院修了、公共政策修士。2013年、某関西医療法人に入社後、資産運用トレーダー業務を始める。独力で財務・経営分析力を磨いた結果、資産を3倍にする。2015年、独立系金融情報配信会社のアナリストに転身。上場企業の経営者を中心にインタビューし、個別銘柄分析や日本・米国経済などの市況分析に従事。入社当時、アナリストだった上司より「堅実な銘柄選定法」として「黒字転換2倍株」のノウハウを受け継ぐ。2017年からは日本クラウドキャピタル（現FUNDINNO）にも籍を置き、日本初の未上場マーケットアナリスト兼マーケティング担当として活動。一般社団法人日本金融経済研究所の代表理事を務めシンクタンクとして金融・経済分野の政策提言を行なう。

雑誌・Webなど連載多数。『PRESIDENT』にも多数記事を掲載。『プレジデントオンライン』の執筆記事は、2020年に半年間で累計6000万PVを超える。講演活動やセミナーにも積極的に登壇し、「日本一多忙なアナリスト」として活動中。主な著書に『収入10倍アップ高速勉強法』（PHP研究所）、『5万円からでも始められる！黒字転換2倍株で勝つ投資術』（ダイヤモンド社）。

日本一忙しい経済アナリストが開発！
収入10倍アップ超速仕事術

2023年8月2日　　第1版第1刷発行

著　者　　馬　渕　磨　理　子
発行者　　永　田　貴　之
発行所　　株式会社PHP研究所
東京本部　〒135-8137　江東区豊洲5-6-52
ビジネス・教養出版部　☎03-3520-9619（編集）
普及部　☎03-3520-9630（販売）
京都本部　〒601-8411　京都市南区西九条北ノ内町11
PHP INTERFACE　https://www.php.co.jp/

本文デザイン・組版　齋藤稔（株式会社ジーラム）
印刷所
製本所　図書印刷株式会社

　ISBN978-4-569-85520-2

人間力
と、言いますと？
©Mariko Mabuchi×10CARD

特別付録
馬渕流
収入10倍アップ！
仕事術
カード
つねに携帯し、
日々心がけましょう！

スピード力
急がば回れ
リラックス〜
©Mariko Mabuchi×10CARD

マネー力
キリッ
結論
は……
©Mariko Mabuchi×10CARD

収入UPのトライアングル

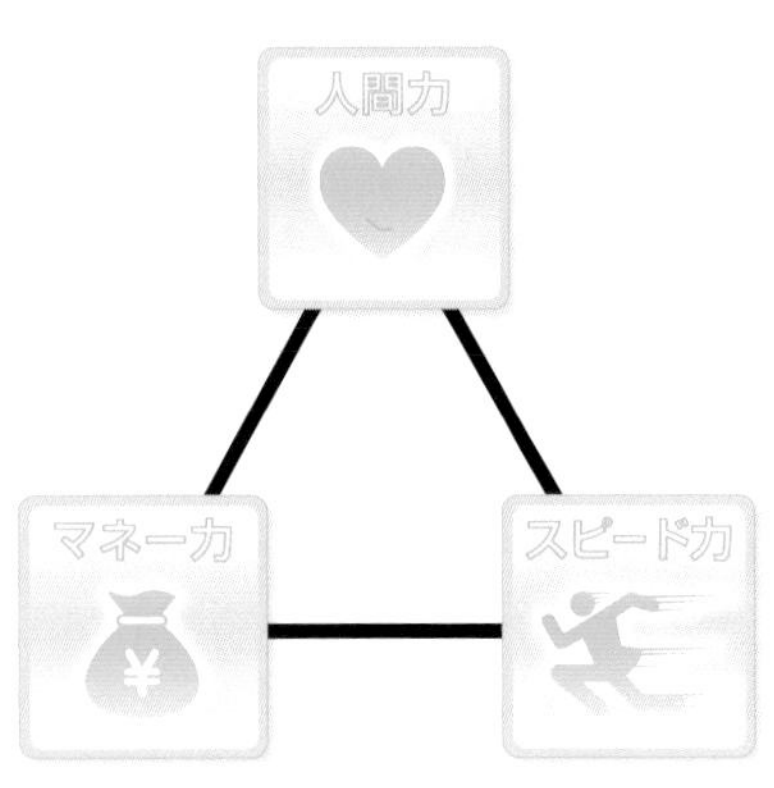

バランスよく身につけて、「トップ1%」をめざそう!

人間力

背中をさするように話を聞く (P.049)

相手の呼吸に合わせて、ゆっくりと

マネー力

プレゼンの原則は「結論を最初に提示→深掘り」 (P.217)

聞き手の関心を一挙に引き寄せる

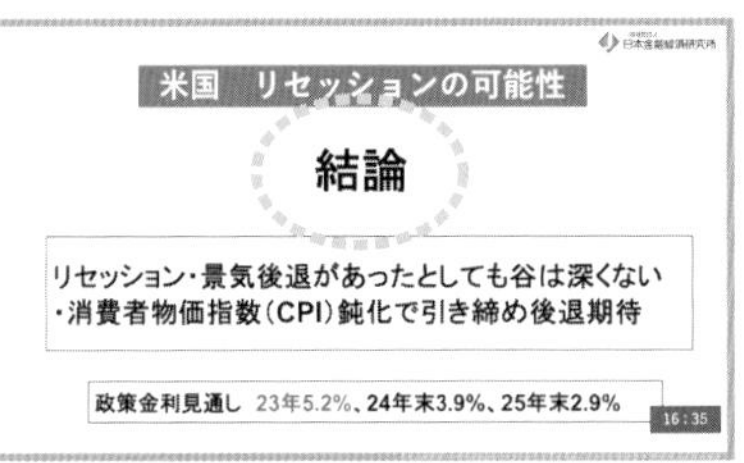

スピード力

時間と戦わない時間を意識的につくろう (P.141)

ヨガ、ストレッチ、マッサージは自分への投資